학부모
상담
119

학부모 상담 119

학부모와 한편이 되는 소통의 기술

초판 1쇄 펴낸날 | 2021년 7월 1일
초판 2쇄 펴낸날 | 2023년 5월 25일
지은이 | 송형호
펴낸이 | 고성환
펴낸곳 | (사)한국방송통신대학교출판문화원
　　　　03088 서울시 종로구 이화장길 54
　　　　전화 1644-1232
　　　　팩스 02-741-4570
　　　　홈페이지 http://press.knou.ac.kr
　　　　출판등록 1982년 6월 7일 제1-491호

출판위원장 | 이기재
편집 | 박혜원
편집 디자인 | 성지이디피
표지 디자인 | 김민정

ⓒ 송형호
ISBN 978-89-20-04069-6　03370

값 14,000원

학부모
상담
119

학부모와
한편이 되는
소통의 기술

송형호 지음

지식의날개

신규 교사들에게 "나에게 학부모란 (   )이다"라는 문장을 주고 괄호 안을 채워 보라고 제안한 적이 있습니다. 돌아온 답변은 대부분 "두려운 존재", "난관"과 같이 걱정 가득한 문구들이었습니다. 경력을 갖춘 저에게도 학부모는 여전히 마음의 준비가 필요한, 그러면서도 늘 함께해야 하는 어려운 동반자입니다. 송 선생님의 35년이 빚어낸 이야기는 그런 우리에게 밝고 따뜻한 반딧불처럼 다가옵니다. 아이들을 위해, 행복한 교직 생활을 위해 학부모와 함께 걸어가야 할 길이 책 속에 환하게 펼쳐지기 때문입니다. 이 책을 통해 교사, 학부모, 아이들 모두가 신나고 행복하게 성장하길 바랍니다.

– 조 은(서울 염창중 교사, 학부모 상담 전문강사)

학부모 상담에 필요한 지식은 이론적 지식보다는 장인의 지식 곧, 실천적 지식이라 할 수 있습니다. 그런 의미에서 이 책은 실천적 지식으로 가득찬 보물 창고와도 같습니다. 어떤 교육학 이론서에서도 볼 수 없는 생생한 사례와 정보가 담겨 있기 때문입니다. 행동하는 지성, 송 선생님과 꼭 닮은 이 책이 대한민국의 학교를 더욱 행복한 곳으로 만드는 데 이바지할 것이라 믿습니다. – 구평회(G스쿨 대표)

송 선생님은 아주 오래전부터 교사와 학부모가 힘을 합쳐 아이들을 돕는 "부모-교사 연맹" 이야기를 줄곧 해 오셨습니다. 이 책을 통해 많은 교사가 학부모와 한 팀이 되어 아이를 발전시키는 노하우를 배울 수 있을 것입니다. 예전에 '꼰짭마' 프로젝트도 송형호 선생님의 작품이었는데, 꼰대, 짭새, 마을이 함께 아이를 돕는 멋진 모델이었습니다. 우리 사회에서 교사와 학부모가 함께 아이들을 돕는 멋진 프로젝트가 이 책으로부터 시작되기를 간절히 바랍니다.

– **김현수**(명지병원 정신건강의학과 임상교수, 성장학교 '별' 교장)

정서·행동에 어려움을 가진 학생일수록 교사와 학부모의 협력이 매우 중요합니다. 그러나 ADHD를 앓는 아이의 부모들은 자녀가 새 학년이 될 때마다 아이의 문제를 담임교사에게 털어놓고 도움을 받을지 아니면 1년 내내 숨길지 고민합니다. 아이에게 낙인이 찍힐까 우려하는 것이지요. 교사가 적군이 아니라 아군이라 판단될 때 비로소 부모도 마음을 열고 다가갑니다. 이 책을 통해 학부모의 마음을 얻고 든든한 아군이 되어 주는 교사가 많아지길 바랍니다.

– **김정현**(대한ADHD지원협회 대표)

송 선생님이 수십 년간 "상처받은 치유자"로서 경험한 구체적 사례가 담겨 있습니다. 너무나도 쉽게 읽히는 글이지만 직접 겪고 치열하게 고민한 사람만 가질 수 있는 통찰이 가득합니다. 송 선생님의 생각을 이해하고 직접 시도해 보세요. 교사와 학부모가 신뢰 관계 속에 함께 돌봄을 실천해야 아이들도 바르게 성장할 수 있습니다.

– **손지선**(서울 양서중 교사, 《학급경영 B to Z》 공저자)

교사들의 스승이자 두 자녀의 훌륭한 부모이기도 한 송 선생님이 학부모 관계에 대한 귀한 비법을 한 권에 담아내셨습니다. 교사에게 가장 무서운 적이 될 수도 가장 든든한 후원자가 될 수도 있는 학부모를 깊이 이해하고, 신뢰 관계 구축을 위해 당장 실천할 수 있는 방법들이 구체적으로 펼쳐집니다.

－ **왕건환**(경기고 교사, 교사노조연맹 교권보호팀장, 《교사 119》 공저자)

일선 교사들이 겪는 어려움 조사에서 학부모와의 관계 문제는 늘 1·2위를 다툽니다. 아이들을 위해서 교사와 학부모는 송 선생님의 말대로 "같은 편을 먹어야" 하는데 학교 현장의 현실이 그리 녹록지만은 않지요. 송 선생님은 이미 십수 년 전부터 이런 문제점을 포착하여 학부모와의 소통을 강조하셨습니다. 책은 이런 송 선생님의 평소 지론이 잘 정리되어 있습니다. 교사와 학부모의 '아름다운 짬짜미' 방법을 책 곳곳에서 마주하게 될 것입니다.

－ **고광삼**(서울 경신중 교사, 돌봄치유교실 2대 회장)

송 선생님은 뵐 때마다 지금 바로 시작할 수 있다고 응원을 해 주십니다. 어떻게 한결같이 응원가를 부르실까 놀랍기만 합니다. 응원가가 책으로 나와서 더욱 반갑습니다. 35년의 교직 경험을 진부하게 나열만 하기보다 갈피갈피 성장의 기록이 담겨 있습니다. 책을 통해 크고 작은 성장을 경험하실 여러분과 함께해서 참 좋습니다.

－ **이광진**(서울 강동구 건강가정다문화가족지원센터장)

상처 입은 학생, 상처받은 부모, 상처 입은 교사가 서로 고통을 주고받는 시대입니다. 교육 주체들이 지혜롭게 이해하고 위로하여 마침내 치유와 성장을 이루는, 경험적 사유와 실천의 결과물이 가득 담겨 있습니다. **- 이병일**(사할린한국교육원장)

교사와 학부모는 아이를 싣고 달리는 자전거의 두 바퀴와 같습니다. 이 책은 두 개의 바퀴가 잘 굴러가기 위해 교사가 어떻게 해야 하는지 다양한 사례를 통해 쉽고 자연스럽게 일깨워 줍니다. 돌봄과 치유로 상처를 아물게 하는 따뜻하고 잔잔한 감동은 덤입니다.

- 이 선(용인 문정중 교사)

아이들과의 소통을 위해서는 학부모와의 관계가 중요함을 처절하게 느끼는 요즘입니다. 책에 담긴 다양한 솔루션은 학부모와의 갈등 상황을 예방하고 문제를 부드럽게 해결할 수 있도록 도와줍니다. 30년 넘게 교직 생활을 한 저에게도 믿음직스럽게 다가옵니다. 책을 통해 학교 공동체 모두가 건강한 관계를 모색할 수 있기를 기대합니다.

- 강은정(서울 휘경여중 교사)

학교폭력이 대두되는 시기에 생활지도부장을 맡고 어려움에 직면했을 때 송 선생님을 처음 만났습니다. 아낌없이 나누어주시는 노하우를 통해 돌봄과 치유를 중심으로 아이들을 대하게 되었습니다. 이 책을 접하는 다른 많은 선생님에게도 도움이 되리라 믿습니다.

- 오은진(서울 보성여중 교감)

교육 현장에서 고통받는 교사와 자녀교육에 힘겨워하는 학부모를 위해 전국 어디든 찾아가 해결방안을 제시하는 송 선생님의 열정이 고스란히 녹아든 책입니다. 학생, 학부모, 교사 모두가 행복한 교육을 만들어 갈 수 있도록 모든 학교와 가정에서 이 책이 활용되면 좋겠습니다. **– 나미경**(전남 봉황고 수석교사)

이 책은 많은 사례와 함께 실질적인 학부모 상담 팁을 촘촘하게 제시하고 있습니다. 특히 학부모와의 슬기로운 소통을 통해 학생의 성장을 돕는 부분이 인상적입니다. 신규 교사뿐 아니라 저 같은 중견 교사에게도 매우 유용합니다. **– 임상희**(충주 탄금중 교사)

학교폭력과 같은 어려운 이슈로 학부모와 마주해야 할 때 "뭣이 중헌디?"라는 질문을 교사 자신에게도, 또 학부모에게도 던지며 아이들의 성장을 함께 모색할 수 있는 귀한 지혜가 담겨 있습니다. 고민하고 두려워하는 데 교사의 에너지를 쓰는 것은 너무 아깝습니다. 학부모와의 만남을 의미 있게 채울 수 있도록 이 책을 통해 배우고 익히길 바랍니다. **– 이선영**(전주 평화중 교사)

교직 3년 차에는 교장·교감 선생님이, 6년 차에는 동료 교사들이, 10년 차에는 학부모와 지역사회가 두려웠습니다. 그리고 15년 차, 다시 우리 아이들이 두려워졌습니다. 평화보다 소중한 것이 있을까요. 공정과 다양성을 중시하는 MZ세대 교사들의 평화로운 일과와 일상을 위하여 이 책을 권합니다. **– 최성우**(부산 배정고 교사)

프롤로그:
학부모와 함께하는 슬기로운 교사 생활

———

2012년, 경기도 모 중학교로 생활교육 컨설팅을 하러 간 적이 있습니다. 선생님들과 많은 대화를 주고받았는데 그중 유독 한 가지 이야기가 머릿속을 떠나지 않았습니다. 생활지도부장을 맡고 계시던 선생님이 어두운 표정으로 털어놓은 이야기였습니다. 학교 선도위원회 심의 결과 어느 학생에게 사회봉사 처분이 내려졌는데 그 학생의 부모가 생각지도 못한 반응을 보여 고민이라는 겁니다.

> "우리 애는 우리가 알아서 할 테니 학교는 학교 일에나 신경 쓰세요. 이런 일로 전화 안 주셨으면 좋겠습니다."

학부모가 학교 교육에 상당한 부담이 되는 시대가 오고 있다는 생각이 들었습니다. 문제행동(저는 '낯선 행동'이라고 부릅니다)을 보이는 학생들에 더해, 이제는 문제행동을 보이는 학부모까지 교사가 떠안게 될 참이니까요. 마음이 무거워지면서 한

편으론 조급해졌습니다. 어떻게 하면 미리 대비할 수 있을까.

학부모 대처에 대한 조사를 시작했는데 우려했던 대로 국내에는 참고할 만한 자료가 많지 않았습니다. 미국의 온라인 서점 아마존에서 검색해 보니 *Dealing with Difficult Parents and with Parents in Difficult Situations*(까다로운 학부모, 어려움에 처한 학부모 대하기, 2001, 토드 휘태커 외 지음) 등 상당히 많은 관련 도서가 오래전부터 출간되고 있었습니다. 학부모들의 참여가 활발한 미국 학교들의 영향인 듯했습니다. 학부모와의 관계를 고민하게 된 것은 우리 사회도 그들과 비슷하게 변해 가고 있기 때문일 겁니다. 즉, 우리 아이들의 교육에 학교와 학부모의 파트너십(저는 '어른들끼리의 짬짜미'라고 부릅니다)이 점점 더 중요해지고 있다는 뜻입니다.

학부모 대처법을 다룬 외국 도서를 여러 권 주문해 읽으며 우리의 사례도 수집하기 시작했습니다. 35년 교사 생활을 하며 겪은 개인적인 경험, 현직 교사들을 대상으로 진행한 수백 회의 강연과 컨설팅에서 들은 이야기, 교사 온라인 커뮤니티에 올라온 사연들…. 그러던 중 한국교원단체총연합회가 스승의 날을 맞아 교사들을 대상으로 실시한 설문조사 중 '교직 생활 중 가장 큰 어려움은?'이라는 질문에 대한 답변 결과를 보고 이 책의 본격적인 집필을 결심하게 되었습니다.

표에서 보듯 교사들은 '문제 학생 생활지도'만큼이나 '학

교직 생활 중 가장 큰 어려움은?

	2020년	2019년
1위	문제행동, 부적응 학생 생활지도	**학부모 민원 및 관계 유지**
2위	**학부모 민원 및 관계 유지**	문제행동, 부적응 학생 생활지도
3위	교육계를 매도하는 여론, 시선	교육계를 매도하는 여론, 시선
4위	교육과 무관하고 과중한 잡무	교육과 무관하고 과중한 잡무
5위	학교 구성원 간 갈등	톱다운 방식의 잦은 정책 변경
6위	톱다운 방식의 잦은 정책 변경	학교 구성원 간 갈등
7위	수업 능력 및 교과 전문성 향상	수업 능력 및 교과 전문성 향상

* 스승의날 기념 교원 인식 설문조사 결과(한국교총)

부모 민원 및 관계 유지'를 교직 생활의 가장 큰 어려움으로 꼽고 있습니다. 문제 학생 지도에 비견될 만큼 학부모 민원이 교사를 압박하고 있다니, 교사와 학부모 사이에 도대체 어떤 일이 벌어지고 있는 걸까요? 이제 교사에게 학부모와 관련된 문제는 그저 특이한 성향의 몇몇 사람들이 일으키는, 어쩌다 운이 나빠 겪게 되는 악성 민원 정도로 치부해선 안 되는 수준에 이르렀습니다.

이 책은 학부모와의 일상적인 소통뿐 아니라 민원, 응급상황, 문제행동 발생, 학교폭력 발생 등 위기 시의 소통 방법도 다루고 있습니다. 일상적인 소통을 잘해 놓으면 위기 상황은 확연히 줄어들지만, 길고 긴 교직 생활을 이어 가다 보면 누구나 학부모로 인한 큰 위기를 겪을 수밖에 없습니다. 그리고 그 한두 번의 위기가 트라우마가 되어 교직 생활 내내 심각한 타격을 입을 수도 있습니다. 불시에 찾아오는 그 순간을 대비해 늘 지혜롭게 소통해야 합니다.

　교사와 학부모의 관계는 급변하고 있습니다. 보고 듣고 겪은 많은 사례를 추리고 그에 대한 모범 답안을 담으려 애썼지만, 어제의 정답이 오늘의 정답이 될 수 없고, 내일은 또 다른 정답을 구해야 할 것입니다. 다만, 학부모는 적군이 아니라 아군이며, 어른들끼리 짬짜미를 잘해야 우리 아이들이 바르게 자랄 수 있음을 깊이 간직해 주시길 바랍니다. 학부모와 함께하는 슬기로운 생활의 기술, 지금부터 하나씩 공개해 보겠습니다.

차 례

먼저 읽은 이들의 추천 · 5

프롤로그: 학부모와 함께하는 슬기로운 교사 생활 · 11

I 신뢰를 구축하는 일상적 소통

가정통신문(1): 큰아빠 같은 담임이 되겠습니다 · 21

가정통신문(2): 저와 짬짜미하시겠어요? · 25

명함 배포: 영업사원이냐고요? · 28

학부모총회: 다음에 또 만나요 · 30

가정통신문(3): 통지표를 보냅니다 36

가정통신문(4): 자녀가 오토바이를 타려 한다면 · 41

문자 메시지: 바쁘신데 연락드려 죄송합니다 · 44

SNS: 시험 기간 맛있는 반찬 부탁드려요!^^ · 47

전화 상담: 안 오셔도 됩니다. 언제든 연락 주세요 · 50

종례신문: 엄마가 먼저 찾는 신문 · 54

II 학부모 교육

자녀에게 맞장구를 쳐 주세요 • 61

까칠한 자녀와 대화하기 • 67

자녀에게 칭찬할 것이 별로 없다고요? • 70

내신 9등급 학생의 부모님께 • 77

자녀를 혼내야 할 때 • 85

아버님, '사랑의 매'도 불법입니다 • 88

학부모 마음 돌보기 • 92

III 민원, 응급상황, 문제행동 발생 시 소통

화난 학부모 응대하기: 사과와 유보 • 101

학교로 당장 쫓아오겠다는 학부모 • 106

학교에 찾아와 항의하는 학부모 • 112

학부모에게 징계 소식을 전하는 방법 • 115

징계에 반발하는 학부모 • 117

체육시간에 쓰러진 학생 • 121

부적응 학생과 학부모에게 스며들기 • 126

일탈 학생 부모에서 아버지교실 멘토로 • 133

학부모와의 짬짜미가 낳은 직업반의 전설 • 138

IV 학교폭력 발생 시 소통

피해 학생 부모 상담 매뉴얼 · 145

가해 학생 부모 상담 매뉴얼 · 151

절차에 대한 명징한 안내의 중요성 · 157

상호 폭행 사건 학부모와 상담 사례 · 159

가해 학생 부모와 상담 사례 · 168

V 그 밖에 나누고 싶은 글과 자료

가정통신문 계절별 인사 모음 · 175

5월 8일 어버이날 종례신문 · 181

탄원서 4종: 존경하는 재판장님께 · 184

학부모에게 추천할 만한 책 목록 · 197

훌륭한 부모는 무엇이 다른가 · 200

청소년 스마트폰 과의존 검사지 · 202

청소년 ADHD 검사지(CASS) · 204

에필로그: 학부모, 우리의 동지 · 207

함께 읽으면 좋은 자료 · 211

일러두기

• 이 책에 등장하는 학생과 학부모의 사례는 지은이가 실제로 겪은 일을 기반
으로 하며, 일부 내용은 사례자의 익명성을 높이고 주제를 명료하게 전달하
기 위해 실제와 조금 다르게 가공했습니다.

• 지면 관계상 싣지 못한 더 자세한 내용은 돌봄치유교실 온라인 카페(cafe.
naver.com/ket21)를 참고하시기 바랍니다.

I

신뢰를 구축하는 일상적 소통

가정통신문(1): 큰아빠 같은 담임이 되겠습니다
가정통신문(2): 저와 짬짜미하시겠어요?
명함 배포: 영업사원이냐고요?
학부모총회: 다음에 또 만나요
가정통신문(3): 통지표를 보냅니다
가정통신문(4): 자녀가 오토바이를 타려 한다면
문자 메시지: 바쁘신데 연락드려 죄송합니다
SNS: 시험 기간 맛있는 반찬 부탁드려요!^^
전화 상담: 안 오셔도 됩니다. 언제든 연락 주세요
종례신문: 엄마가 먼저 찾는 신문

가정통신문(1):
큰아빠 같은 담임이 되겠습니다

어떤 일이든 첫 단추를 잘 끼우는 것이 중요하듯 학부모와의 관계도 처음이 중요합니다. 새로운 고등학교에 발령받은 어느해, 1학년 담임을 맡게 되었습니다. 2월에 열린 신입생 오리엔테이션에서 반 아이들에게 제1호 가정통신문을 배포했는데, 학급 운영계획과 함께 '인간 송형호'에 대한 꽤 상세한 소개가 실린 편지 형식의 안내문을 담았습니다. 고등학교 입학을 앞둔 학부모들의 걱정과 불안을 잘 알기에, 솔직하고 인간적인 모습으로 다가가고 싶었습니다.

담임 소개에는 별별 이야기를 다 담았습니다. 올해 몇 살이고 고향은 어디고 가족관계는 어떻고 취미는 무엇이고 어느 대학을 나왔고 어느 학교에서 근무했고 등등…. 사적인 정보를 학부모들에게 노출하는 것을 꺼리는 교사가 많은 것을 잘 알고 있습니다. 그러나 교사의 신상은 어떻게든 퍼져 나가더군요. 학생에서 학부모로, 학부모에서 다른 학부모로 순식간에 돌고

돕니다. 그걸 깨달은 이후로 내 소개는 내가 먼저 직접 하는 편을 택하게 되었습니다.

안녕하십니까.

저는 올해 귀한 자녀분의 담임을 맡게 된 송형호입니다.

학부모총회에 오시면 더 자세히 말씀 나누겠습니다만 우선 저를 간단히 소개해 드리겠습니다. 저는 서울에서 태어났습니다. 1960년생이니 우리 나이로 올해 62세지요. 애들에게 큰아빠나 큰삼촌과 같은 역할을 하고자 합니다.

제게는 팔순의 노모와 초등교사 아내, 프로그래머로 직장에 다니는 큰아들, 대학원에 다니면서 교직을 준비하는 딸이 있습니다. 제 부모님은 사업을 하셨는데 제가 5학년 때 부도가 나서 제 사춘기는 참 어려운 편이었습니다. 신문팔이 아르바이트까지 해야 했고 고1 때는 몹시 힘겨워 두 달 가까이 결석을 하기도 했습니다. 최근 우리나라 경제 사정이 많이 어려워지고 있네요. 가정 형편이 어렵다 보니 부부간의 다툼도 많아지고 별거나 이혼도 많아지고 있는 듯합니다. 이런저런 사정 있으시면 제게 전화, 문자 메시지, 이메일 등으로 귀띔을 해 주시면 아이 이해에 도움이 많이 됩니다.

한국외국어대학교 영어과를 졸업하고, 실업계 학교인 인덕공고에서 교직 생활을 시작하였습니다. 해서 영어에 흥미를 잃은 아이들과 재미있게 수업하는 데 관심이 많습니다. 이후 강동구의 동북고, 동대문구의 숭인중, 강남구의 언북중, 송파구의 방이중, 광진구의 자양고에서 근무하였습니다. 공립학교 교사는 5년마다 학교를 옮기는 것이 원칙입니다. 학교를 옮길 때 교사별로 희망하는 학교를 7개씩 쓰게 되어 있는데 저는 용마산 근처의 면목고를 1순위로 지망하였습니다. 매일 산행하다시피 할 만큼 자연을 좋아하기도 하려니와 산을 끼고 사는 아이들은 학년이 올라갈수록 심성이 맑아지는 모습을 보아 온 교직 경험 때문입니다. …

급식이나 학비 지원 신청을 주민센터가 아닌 새로 만난 담임을 통해 신청해야 하던 시절이라 일부러 내 학창 시절을 언급하여 학생과 학부모의 자존심이 다치지 않도록 신경을 썼습니다. 또한 새로 배정된 학교에 자부심을 느끼게 하려고 저 역시 발령 첫해임에도 그간 느낀 학교의 장점을 소소하게나마 소개하였습니다.

어리게만 보이던 아들의 입대 직후, 군부대에서 보내 온 편지를 지금도 기억합니다. 중대장의 자기소개와 자부심이 느껴지는 부대 소개, 그리고 아들이 하루라도 빨리 적응할 수 있도록 생활관을 재편성하고 있다는 배려 가득한 내용에 불안했던 마음이 눈 녹듯 사라지더군요. 새로 진학한 학교에서 잘 해낼 수 있을지 걱정하는 학부모들에게도 중대장의 편지처럼 배려 가득한 인사가 필요합니다.

3월 말 학부모총회, 4월 말 학부모 상담도 물론 중요하지만 따뜻한 마음은 하루라도 일찍 전달되면 좋습니다. 불안한 학생과 학부모에게 위안이 될 뿐만 아니라, 자연스럽게 돌아오는 학부모들의 응원 인사는 교사에게도 큰 힘이 되어 주기 때문입니다. 개학을 하루 앞둔 3월 1일 저녁, 한 학부모가 문자 메시지로 연락을 해 왔습니다.

> 안녕하세요! 저는 ○○○ 학생 엄마입니다. 근거리 학교로 배정받지 못해 걱정이 이만저만 아니었는데 담임선생님의 편지를 받고 나니 마음이 놓이는군요. … 선생님의 가르침에 부응하도록 부모로서 최선을 다하겠습니다. 학부모총회 때 꼭 찾아뵙겠습니다. 감사합니다.

> 저도 새로 발령받은 학교라 떨리고 걱정되는데 ○○ 어머니 연락을 받으니 기운이 부쩍 나는 것 같습니다! 감사합니다.

벌써 든든한 아군이 생겼다는 기분에 개학 전날임에도 단잠을 잘 수 있었습니다.

가정통신문(2):
저와 짬짜미하시겠어요?

2월 오리엔테이션에서 배포하는 가정통신문에는 담임에 대한 상세한 소개와 함께 학급 운영계획을 싣습니다. 특히 학부모의 참여가 필요한 부분들, 즉 교사와 학부모가 협력해야 할 내용을 친절하게 알립니다. 교사의 가장 중요한 아군인 학부모에게 '짬짜미' 혹은 '편먹기'의 구체적 방식을 제안하는 첫 단계라 할 수 있습니다.

　가정통신문은 학부모를 대상으로 하는 소식지이지만, 학년 초에 배부되는 가정통신문은 학생들도 읽어 보도록 독려합니다. 평생 따라다니는 생활기록부의 중요성이나 학급 운영 원칙을 인지시켜 보다 성실하고 적극적인 학교생활을 끌어내기 위해서입니다.

　안녕하십니까.
　저는 올해 귀한 자녀분의 담임을 맡게 된 송형호입니다.

… (중략, 담임 소개, 앞서 소개한 예시처럼 구체적으로)…

저는 가능한 자주 이런 편지나 문자 메시지 등을 통해 학부모 님들과 소통하고자 합니다. 부모님들 역시 저에게 하고 싶은 말 씀이 있으면 자주 연락 주시기 바랍니다. 전화, 문자 메시지, 이메 일, 손편지 모두 좋습니다. 특히 아이에게 긍정적인 변화가 있을 때 꼭 알려 주세요. 그때마다 아이들에게 칭찬스티커를 주고 반 전체에 100개가 모이면 담임이 맛있는 것을 한 번씩 쏘겠습니다. 아이들은 칭찬을 먹고 자랍니다.

제 학급 운영의 목표는 학부모와 학생, 교사가 참여하고 소통 하는 학급, 인정과 격려를 통해 자신의 장점을 발견하는 것입니 다. 급훈이 "서로 늘 인정하고 격려하자"인 이유입니다. 아이들과 의 소통은 학급 홈페이지(cafe.naver.com/et21)를 통해 이루어집니 다. 우리 반은 특별히 <종례신문>이라는 소식지를 자주 발행할 예정인데 홈페이지에도 신문을 업로드해 놓을 테니 이따금 확 인해 보시면 아이들의 학교생활을 이해하는 데 도움이 될 것입 니다.

… (중략) …

등교 시간은 7시 50분까지입니다. 특별한 이유 없이 지각하면 '미인정 지각'으로 생활기록부에 남게 됩니다. 생활기록부는 준 영구보존 문서라 평생 보관됩니다. 요즘에는 대입이나 취업 전형 에서 중고등학교 생활기록부를 제출하도록 하는 곳들이 늘고 있 답니다. 성적보다 생활을 보려고 하는 의도겠지요. 본교 졸업생 의 대학 합격 수기에 따르면 면접 보는 교수님이 "미인정 지각이

한 번 있는데 사유가 뭔가?"라고 물어 식은땀을 흘린 적 있다고
하더군요. 학부모님께서 특별히 유념하셔서 훗날 아이가 피해를
보지 않게 도와주세요.

　학부모와 담임은 아이들이 멋진 학교생활을 하도록 도와주는
자전거의 두 바퀴와 같다고 생각합니다. 담임과 학부모가 서로
마음을 통하면 아이들 문제의 절반은 이미 해결되더라는 것이 지
난 35년간 교직의 경험입니다. 3월 20일쯤 학부모총회가 있을 것
입니다. 바쁘시겠지만 그날 단 몇 시간만이라도 시간을 내셔서
아이들이 건강하게 고등학교 생활을 해 나갈 토대를 마련할 수
있기를 바랍니다. 편한 마음으로 오세요!

명함 배포:
영업사원이냐고요?

━━━━━━

교사 생활 5년째 되던 해, 3월 첫날 반 아이들에게 A4 용지에
컬러로 출력해 만든 명함을 오려서 두 장씩 나눠주고 한 장은
지갑에 보관하고 한 장은 부모님께 전해 드리라고 했습니다.
교사가 영업사원도 아니고 웬 명함이냐 생각할 수도 있지만,
효과는 기대 이상이었습니다.

　3월 하순에 열린 첫 학부모총회가 끝나고 어느 학부모 한
분이 오셔서 말씀해 주셨습니다.

　　"담임선생님께 명함을 받으니 학부모로 대접받고 있다는 느낌
　　이 들었어요. 뵙기 전부터 친근감이 생겨서 오늘 총회가 기다려
　　지더라고요."

　실제로 그해 총회에는 전년보다 많은 학부모가 참석해 주
셨습니다. 높은 참여율은 1년 내내 지속되었고 학부모들과 만
날 때마다 명함에 관한 이야기가 빠지지 않았습니다. 얇은 복

사용지로 어설프게 만든 명함이 이토록 긍정적인 반응으로 돌아오다니 놀라울 따름이었습니다.

더 용기를 내 학교 근처 대학의 인쇄소에 가서 명함을 정식으로 만들었습니다. 컬러 양면으로 만들었는데도 생각보다 돈이 많이 들지 않더군요. 명함 뒷면은 영문 명함으로 해서 영어 수업 때 학생들에게 미래 꿈 명함 만들기 과제의 예시가 되도록 했습니다. 수업을 듣는 모든 아이들에게도 한 장씩 주고 언제든 연락하라고 했습니다. 진짜 연락이 올 줄은 몰랐는데 수업 등에 관해 문자 메시지로 질문하는 아이들이 있었습니다. 나중에 알고 보니 그중 상당수가 부모나 친구들과 전혀 소통하지 않는 아이들이었습니다. 가족과 세상과 단절된 아이들이 제 명함 덕에 소통을 시작한 셈이지요. 물론 명함이 교실 바닥에 뒹굴고 밟히는 모습을 보면 마음이 아프기도 하지만 고의로 버린 것은 아니려니 위로하고 넘어갑니다.

○○고 영어 교사
송 형 호
급훈: 서로 늘 인정하고 격려하자
블로그: https://blog.naver.com/etsongsam
페이스북: facebook.com/ictsong
유튜브: https://www.youtube.com/user/etkorea
카톡: ictsong
Cell Phone : 010-0000-0000
E-mail: ********@sen.go.kr

학부모총회:
다음에 또 만나요

―――――

학부모총회를 한가해진 4월 말쯤 했으면 싶은데 어김없이 3월 20일께 그 바쁜 와중에 합니다. 그러자니 대청소니, 환경미화니 하는 야단법석도 일어납니다. 실은 졸업한 학교운영위원의 후임자를 3월 이내에 선출하게 되어 있는 법률 때문입니다. 법을 바꾸기 전에는 앞으로도 계속 3월에 해야 합니다. 그래서 학부모총회 준비는 겨울방학 때 미리 해 두는 것이 좋습니다. 처음부터 완벽하게 하려 하지 마시고 일단 대강의 계획을 짜 놓고 시간이 날 때마다 들여다보며 조금씩 업데이트하는 것이 좋습니다.

저는 학부모들이 서로 마주볼 수 있도록 자리를 배치합니다. 3월 하순이면 아직 쌀쌀하니 따뜻한 차와 간단한 과자도 준비해 놓습니다. 다소 경직된 분위기에서 학부모들이 돌아가며 자기소개를 하는 중간에 슬쩍 그 틈에 껴 있다가 "저는 ○○ 아빠이며 교직에 종사 중입니다"라고 장난을 치면 큰 웃음과 함께 분위기가 살아납니다. "오늘 학교에 오시면서 어떤 생각들을 하셨나요?"와 같은 질문을 통해 새 학기에 대한 기대, 바라는 점 등을 자연스럽게 풀어놓도록 유도하는 것도 좋은 방법입니다. 학부모들이 이야기한 내용은 사소한 것이라도 경청하고 그 자리에서 기록해 둡니다. 향후 학부모 상담이나 문제 사안 발생 시 유용한 단서로 쓰일 수 있습니다.

학급운영 철학(참여소통), 생활지도, 진로지도, 성적 관리, 입시 등에 대해 차례로 이야기를 나누고 우리 학급만의 자랑이 될 〈종례신문〉을 소개한 후, 마지막으로 가족 간 소통의 중요성에 관해서도 이야기합니다. 회의 끝 무렵, 아이들이 올해는 유독 학교 가는 걸 좋아하고 학교 이야기를 많이 한다는 이야기라도 들으면 부쩍 힘이 납니다. 학부모회는 이런 맛에 하는 거지요. 하여, 다음번 학부모회를 다 함께 기획합니다. 저는 연중 3회 정도 학급 학부모회를 주최합니다.

1차는 3월에 열리는 학부모총회, 2차는 중간고사 성적이 발표된 직후나 학부모 대상 특강이 있는 날, 그리고 3차는 2학기가 끝날 무렵 학교 뒷산이나 근처 등산로 매점에서 엽니다. 대부분 1차 학부모총회만 경험해 보셔서 2차나 3차 모임을 하자고 하면 어리둥절해하거나 부담스러워하는 분들도 있습니다. 저 역시 처음에는 날짜가 다가올수록 괜히 만나자고 했나 하는 마음이 들기도 했습니다. 서로 부담스럽지 않아야 즐거운 자리가 될 수 있습니다. 그저 교육과정을 함께하고 싶어 제안 드리는 것이고 모임에서 오간 이야기는 〈종례신문〉을 통해 전체 학부모에게 공유할 테니 만사 제치고 참석하실 필요는 없다고 이야기해 놓습니다.

〈1차 학급 학부모회 주요 내용 공유합니다〉

어제 오후 3시경 우리 반 교실에 열아홉 분의 학부모님께서 1차 학부모총회를 위해 모여 주셨습니다. 총회 자료집은 학급 홈페이지에 올려 뒀으니 참고해 주세요. 담임의 학급운영 철학인 '참여 소통'에 대해 간략히 소개 올린 후,

[진로지도] 면에서는 하워드 가드너 교수가 쓴 《다중지능》을 토대로 학과 공부만으로 지능을 판단하는 시대는 지났으니 아이의 다양한 적성과 열정을 찾는 데 힘써 주십사 부탁드렸습니다.

[생활지도] 면에서는 아이가 외모에 대해 지나치게 관심이 많아 머리를 안 깎으려 한다는 부모님들이 계셔서 아이의 자존감이 부족해서 그럴 수 있으니 내적 자존감 형성에 신경을 써 주십사 말씀드렸습니다.

[성적관리] 면에서는 결과보다 과정에 투자해 주실 것을 당부드렸습니다. 시험 전 20일가량은 건강관리를 위해 특별히 반찬에 신경 써 주실 것, 시험 성적은 아이의 직전 시험을 기준으로 1점이라도 올랐으면 칭찬해 주실 것을 부탁드렸습니다.

[대학진학 준비]에 있어서는 우리 반의 현재 학업 성취도로 보

아 정시보다는 수시를 잘 준비할 수 있도록 다양한 활동 참여를 독려해 주실 것을 부탁드렸습니다. 담임으로서도 학급의 1인 1역, 주번 활동, 각종 수련회 등 아이들이 참여할 다양한 기회를 마련하겠습니다.

[가정생활]에 있어서는 《부모와 아이 사이》, 《남성 우울증》, 《다시 태어나는 중년》 등의 책을 권해 드렸습니다. 각자 가정으로 돌아가 노력해 보시고 중간고사 결과가 나오는 5월쯤 2차 학부모회를 하면서 서로의 경험을 나누기로 했습니다.

<2차 학급 학부모회 주요 내용 공유합니다>

지난 5월 30일 목요일에 2차 학부모회가 열렸습니다. 총 열 분이 오셨고 학교 근처 카페에서 각자 음료값을 지불한 후 모여 앉았습니다. 학급에 비상사태라도 생긴 줄 알고 불안한 마음으로 왔다는 분도 계셨으나, 그저 아이들의 학교생활과 학업 현황을 공유하고 싶어 마련한 자리라고 하니 안심하셨습니다. 우선, 제가 준비해 간 '성적 향상표'를 나눠 드리고 설명해 드렸습니다. 대부분 자녀의 현재 위치를 보고 놀라셨지요. 하지만 저는 '작은 변화를 귀신같이 알아채고 칭찬해 줄 것'과 '칭찬의 기준은 아이의 친구나 형제자매가 아닌 아이의 직전 과거'라는 점을 강조했습니다. 그리고는 삶에 대해 많은 말씀 나누었어요. 주로 가족 간 갈등이 생겼을 때 해결해 나간 지혜로운 사례들을 나누었습니다. 3월 총회 때보다 한층 깊이 있는 대화가 오갔고요, 다음에는 10월에 만나자고 약속했습니다.

<3차 학급 학부모회 주요 내용 공유합니다>

지난 10월 13일 토요일 아차산 매점에서 3차 학부모회가 열렸습니다. 총 아홉 분이 참석하셨습니다. 파전에 막걸리를 놓고 편안한 말씀들을 나누었습니다. 그간 아이들의 변화된 모습에 관해 이야기해 주시고 3월 학부모회에서 추천해 드린 책《부모와 아이 사이》를 읽으신 분들이 계셔서 책을 읽고 느낀 점도 나누었습니다. 요즘 아이들은 어떤 생각을 하는지, 부모로서 이들을 잘 이해하려 애쓰고 있는지에 대해 성찰하는 시간이었습니다. 학년이 바뀌어도 모임을 이어 가고 싶다는 분들이 계셔서 원하시는 학부모님들끼리 독서 모임을 꾸리기로 하셨습니다. 00이 아버님이 독서 모임 회장이 되셨으니 참가하고 싶으신 분들은 회장님 휴대전화(010-0000-0000)로 연락 주시면 됩니다. 3차에 걸친 학부모회는 모두 끝났지만, 번개는 늘 환영인 거 아시죠?

학교 차원의 공식적인 학부모회의가 아닌 이상, 식비 등의 비용이 늘 고민됩니다. 제 경우엔 가족 간 소통에 도움이 되는 책들을 개인적으로 몇 권 사서 선물하기도 하는데 이 비용도 만만치 않습니다. (물론 책을 받은 분들이 늘 학급문고 기증이나 아이들 간식으로 답례를 하시기에 몇 배 남는 장사(?)이긴 합니다.) 교육청별로 학부모회 관련 예산을 지원하는 곳이 있기도 하나 학급 단위 학부모회까지 충당하기는 역부족인 수준입니다. 담임교사와 학부모의 모임이 수시로 이루어질 수 있도록 학급별 학부모회 지원금이 책정되면 좋겠습니다. 일대일 상담과 달리 학부모회에서 이야기를 나누다 보면 개인 차원에서는 생각지 못한 좋은 아이디어가 도출되기도 합니다. 학교에 전달하여 정책이나 프로그램으로 자리를 잡은 경우도 여러 차례 있었습니다.

학부모회가 끝날 때마다 새삼 느낍니다. 학부모들 모두 학교와 소통하고 싶어 하지만 그저 적당한 기회가 없을 뿐이라는 것을요. 혼자 버둥대다 보면 문득 교사로서 이렇게까지 애쓰는데 정작 아이 부모들은 너무 무관심한 거 아닌가 싶어 서운한 마음이 들기도 하는데, 막상 만나서 이야기를 나누다 보면 오해였음을 깨닫습니다. 저는 학부모회에서 많은 힘을 얻습니다. 그래서 학부모회가 더욱 활성화되길 바랍니다.

<교사의 봄은 화장실에서 온다>

- 송형호

학부모총회가 끝났다
화장실 다녀오는 마음이 왠지 후련하다
손을 씻다 문득 창밖을 보았다
개나리가 피어 있다
올해도 봄을 화장실에서 맞는다
30년도 넘게

가정통신문(3):
통지표를 보냅니다

학부모의 관심사는 단연 성적입니다. 성적 통지표를 보낼 때 가정통신문을 첨부하면 열독할 가능성이 큽니다. 학기의 중간, 학기의 마지막에 보내게 되므로 그간의 학습 상황과 학급 활동을 보고하고 다음 분기를 예고하기에도 적절합니다.

저는 성적 통지표와 함께 생활기록부 사본을 함께 보냅니다. 아이들과 생활하며 발견한 소소한 칭찬거리들을 그때그때 학부모에게 문자 메시지로 알리고, 이를 정기적으로 백업하여 생활기록부에도 입력합니다. 학부모들이 문자 메시지로 알려온 내용도 당연히 기록해 둡니다.

어느 학부모는 아이가 초등학교 때부터 10년째 통지표에 똑같은 내용을 받아 오더랍니다.

> ▸ 명랑 쾌활하나 주의 산만함
> ▸ 대인관계 원만하나 집중을 필요로 함

학부모 처지에서는 담임이라는 사람들도 참 너무한다고 느낄 만합니다. 평가의 기준을 다른 아이들에 두지 않고 그 아이의 과거에 두면 조금이라도 발전한 점을 기록할 수 있지 않았을까요? 한 학기 동안 아이들이 받은 칭찬이 고스란히 담긴 생활기록부를 보면 성적 통지표를 받아든 부모들의 마음도 조금은 누그러질 것입니다.

‣ 학생회 간부수련회를 위해 자발적으로 버너를 준비하는 등 책임감 있는 모습을 보임
‣ 주번 학생이 청소를 잊고 하교해 버리자 대신 청소함. 봉사 정신이 강함
‣ 장애가 있는 급우의 장난을 잘 받아주는 등 배려심이 돋보임
‣ 학급 총무팀장으로서 학급비 집행과 정산을 오차 없이 해냄. 책임감이 강함
‣ 아침 자습 시간에 친구들에게 자발적으로 학습 멘토링을 함. 봉사 정신이 뛰어남
‣ 교실의 지난달 달력을 떼어 내는 등 학급 환경 관리에 애정과 관심을 보임
‣ 개학에 맞추어 두발과 복장을 잘 점검하는 등 준비성이 있음

위의 기록은 모두 학기 중에 문자 메시지로 해당 학부모에게 개인적으로 알렸던 내용이기도 합니다. 학부모가 아이의 긍

정적인 변화를 전해 올 때 이 역시 추가하면 좋습니다. 다음은 중간고사 직후, 기말고사 직후 성적 통지표에 첨부한 가정통신문의 일부입니다.

<중간고사 직후에 보낸 가정통신문>

첫 시험 성적이 나왔습니다. 다른 아이들이나 형제자매와 비교하지 마시고 학생의 지난 성적을 기준으로 하여 단 1%라도 향상되었다면 인정하고 지지하고 격려해 주시기 바랍니다.

이번 성적이 대학입시를 좌우하지는 않습니다. 부디 성적보다 학생의 적성과 진로에 대하여 먼저 깊은 대화를 나누어 주셨으면 합니다. 생활기록부와 함께 3월에 실시한 진로 적성검사 결과표를 보냅니다. 아주 진지하게 수백 문항의 검사에 임한 것으로 신뢰도가 매우 높게 나왔습니다. 고1 학생의 교사나 부모님은 꿈의 코치가 되어야 한다고 생각합니다. 꿈이 확실해야 공부가 눈에 들어오기 시작합니다.

공부하든 안 하든 고등학생들은 까칠하기 쉽습니다. 나름의 스트레스가 있기 때문입니다. 아이와 대화를 나누기 힘드실 때는 하임 기너트의 《부모와 십대 사이》라는 책을 꼭 읽어 보셨으면 합니다. 저는 이 저자의 《교사와 학생 사이》를 20여 년간 제 자습서처럼 읽고 훈련해 왔습니다. 부모님과 교사는 아이를 성공하게 하는 자전거의 두 바퀴라고 생각합니다. 하지만 전문가의 도움을 받으면 보다 안전한 세발자전거가 되겠지요. 담임의 협조가 필요하시면 언제든 연락 주세요. 제 힘으로 안 되면 전문가의 도움도 연결해 드리겠습니다.

  추신: 우리집은 성적표 나오는 날은 무조건 외식합니다. 결과가 중요한 것이 아니라 과정이 중요하다는 점을 실천하기 위해서입니다.

<기말고사 직후에 보낸 가정통신문>

  성적 통지표와 함께 생활기록부를 보내 드립니다. 대입의 중요한 자료이므로 열심히 써 주려고 노력하였습니다. 부모님께서도 꼼꼼히 살펴 주시기를 바랍니다. 생활기록부 맨 마지막 부분의 '행동특성 및 종합의견'에 주목해 주십시오. 아이의 종합적인 발달상황을 확인하실 수 있습니다. 담임도 인간인지라 못난 행동을 못 본 척하기 참 어렵지만, 자칫 그 아이들에게 마음을 빼앗기다 보면 열심히 노력하여 매일 발전하는 아이들을 못 볼까 경계 또 경계하고 있습니다. 제가 틈틈이 보내 드리는 문자 메시지 역시 생활기록부에 기록됩니다.

  고등학생 학부모들은 학생들과 똑같이 긴장의 나날을 보낸다고 합니다. 공부할 수 있는 분위기를 만들어 주어야 하고, 또 게임이나 유튜브에 빠지지 않았는지 늦은 밤 때때로 확인 부탁드립니다. 무조건 억압하면 아이들은 오히려 PC방으로 피신해 더 안 좋습니다. 부모와 함께 오목을 두거나 아이의 취미를 한 가지라도 키워 주시면 좋습니다.

  방학 중 가장 중요한 것은 사기가 공부하는 시간의 확보입니다. 학원 다니고 과외받는 것보다 더 중요한 것은 하루에 적어도 두

시간 이상, 그리고 방학 중에는 네 시간 이상 자기가 공부할 시간을 확보하는 것입니다. 그래야 그동안 학습한 내용을 반복적으로 살펴볼 수 있게 됩니다. 그리고 그것만이 자기 지식이 됩니다.

아이들은 한창 패기가 넘칠 나이인데 그것을 발산할 방법이 많지 않습니다. 1학기 학급비의 절반으로 농구공, 축구공을 사서 아이들이 운동하도록 권한 것도 스트레스를 풀도록 하기 위해서였습니다. 부모님께서도 불쑥 화내지 마시고 화가 가라앉은 다음에 차분히 의견을 나누어 주시기를 간곡히 바랍니다.

한 학기 동안 제가 스팸 수준으로 쏘아 댄 문자 메시지에 열심히 반응해 주시느라 고생 많으셨습니다. 방학 중 아차산에서 막걸리 번개 대환영입니다. 부모님과 담임이 늘 함께해야 아이가 놀라운 발전을 보일 수 있습니다. 한 학기 동안 아이들과 행복했습니다. 감사합니다.

가정통신문(4):
자녀가 오토바이를 타려 한다면

안전 교육은 아무리 강조해도 지나치지 않습니다. 학교 밖에서 일어나는 안전사고를 예방할 수 있도록 정기적으로 학부모의 관심을 유도해야 합니다. 학교 차원의 안내문도 정기적으로 배부될 테지만 학급 담임 차원에서도 특별히 신경을 써야 하는 주제입니다.

다음은 오토바이 안전사고 주의를 당부하는 가정통신문 예시입니다. 일부 일탈 청소년의 문제라고 치부하기 쉽지만, 청소년 교통사고 사망의 절반이 오토바이 사고라는 통계가 있을 정도로 심각한 문제입니다. 게다가 오토바이 문제로 부모와 갈등을 겪는 학생들이 많습니다. 학부모 상담 시에도 자주 등장하는 주제이니 관련 내용을 잘 숙지해 두시기를 바랍니다.

경험상 청소년 안전 교육에서 가장 효과적인 접근은 신체 부상의 위험보다 법적 치벌을 강조하는 것입니다. 청소년이라고 모두 형사처벌 제외 대상이 되는 것은 아니며 만 14세 이상의 경우 형사처벌의 대상이 될 수 있습니다. 만 14세 미만일지라도 범법행위를 저지르면 소년원 송치 등 보호처분을 받게 됩니다. 이 경우, 범죄경력으로 기록이 남지는 않지만 수사경력이 조회될 수 있어 입시와 취업에서 불이익을 당할 수 있습니다. 이 내용을 모르는 학부모들이 의외로 많으니 기회가 될 때마다 안내해 주세요.

학생 안전과 관련된 몇 가지 당부와 안내 말씀을 드리고자 합니다. 본교에서는 등하교 시 교통안전 지도와 조종례 시 담임교사의 훈화를 통하여 학생들의 교통안전 생활화와 교통질서 의식 함양에 노력하고 있습니다. 가정에서도 관심을 가지시고 적극적으로 협조하여 주시기 바랍니다. 특히 고등학생들이 오토바이에 대한 호기심이 많아 아래 사실을 알려 드리오니 자녀 지도에 참고해 주시기 바랍니다.

고등학생 교통사고 사망자 두 명 중 한 명은 오토바이 사고가 원인이라고 합니다. 특히 수학능력시험이 끝나는 11월과 방학 기간인 12월에 가장 많이 발생했습니다. 오토바이 사고는 신체가 외부에 그대로 노출되는 만큼 치명상으로 이어집니다.

오토바이 사망자 열 명 가운데 일곱은 무면허였습니다. 오토바이 무면허 운전 시 '30만 원 이하의 벌금 또는 30일 이하의 구류' 처벌을 받습니다. 초범일 때 10만 원에서 20만 원 벌금이지만, 도로교통법 82조의 운전면허 결격사유를 보면 벌금이 확정된 후

자동차는 2년, 원동기는 6개월 동안 운전면허 취득이 제한됩니다. 고등학교 졸업 후 다른 친구들이 운전면허 따고 즐길 때 기다려야만 합니다. 또한 오토바이 무면허 운전으로 사고가 난 경우, 그 책임은 오토바이를 빌려준 친구(50%)와 함께 탔던 친구(40%)에게도 있습니다.

또한 친구와 함께 길을 가다가 고장나 보이는 오토바이에 키가 꽂혀 있어서 혹시 움직이나 하고 타 보다가 순찰차에 잡혀 특수절도로 입건되는 경우가 아주 많습니다. 이 경우 6년 이하 징역 100만 원 이하 벌금을 받고 게다가 절도 후 3년간 면허 취득이 제한됩니다. 이런 내용을 사전에 잘 교육해 주시기 바랍니다.

문자 메시지:
바쁘신데 연락드려 죄송합니다

―――――――

교사의 개인 휴대전화 번호를 학부모들에게 공개해야 하느냐의 문제는 여전히 논란이 많습니다. 요즘에는 '교원안심번호' 서비스를 이용하여 교사의 사생활도 보호하고 학부모 민원에도 신속하게 대응하는 분들이 많습니다. 중요한 것은 학생에게 위급한 상황이 발생했을 때 학부모와 즉시 연락을 주고받을 수 있는 수단이 있느냐입니다. 몇 년 전에 어느 학부모에게 들은 하소연입니다.

> "저희 담임선생님은 개인 휴대전화 번호를 학부모에게 알리지 않기로 해당 학년 담임들과 약속했다면서 연락처를 주지 않더라고요. 지난주에는 아이가 아침에 갑자기 열이 나서 병원에 가느라 교무실로 연락을 드렸는데 담임선생님께 제대로 전달이 안 된 건지 10시 넘어서야 선생님께서 연락을 주셨어요. 왜 아직 등교하지 않느냐고요. 아이가 등굣길에 큰 사고를 당했어도 선생님은 모르고 계셨겠구나 싶어 순간 겁이 났어요. 선생

님들 처지도 이해는 가지만, 참 어려운 문제네요."

　학부모의 휴대전화 번호는 모두 저장해 두고 계시지요? 학교에서 아이가 갑자기 쓰러지면 119를 부르고 학부모에게도 즉시 연락을 취해야 합니다. 교사 개인 휴대전화든 교원안심번호든 개별 번호를 학부모에게 반드시 알려야 하는 이유는 모르는 번호로 걸려 온 전화는 받지 않는 분들이 많기 때문입니다. 특히 부모 모두 직장에 다니는 경우 즉시 연락이 닿지 않을 수 있습니다. 바로 연락이 닿지 않더라도 위기 상황 시 학부모에게 얼마나 신속하게 연락을 시도했는지는 사고 후 책임 소재를 가리는 과정에서 매우 중요한 판단 자료가 됩니다. 응급상황 발생 시 더 자세한 단계별 대응 방법은 Ⅲ장에서 다루겠습니다.

　응급상황뿐 아니라 향후 입시에 불이익으로 작용할 수 있는 사안도 학부모에게 즉시 알리는 게 좋습니다. 알리지 않았다가 나중에 원망을 듣는 경우가 꽤 있습니다. 어느 중학생이 수업 중 무단외출했다가 교통사고가 난 일이 있었습니다. 출석부에 출석 체크가 제대로 안 되어 있어 그 수업 담당 교사가 어려움을 겪으셨던 기억이 납니다. 바빠 죽겠는데 아이 무단외출 따위가 뭐가 중요하다고 연락하느냐 화내는 부모도 있을 수 있습니다. 따라서 미인정 결석 등 생활기록부에 기재되는 사안은 학년 초에 학부모들에게 안내해 강조해 두는 것이 좋습니다.

좋지 않은 소식을 전하는 것이니 반드시 학부모 개인 번호로 연락을 취하되 언짢은 마음이 들지 않게 아이의 안전이 걱정되어 연락하는 것이라고 양해를 구하면 더 좋습니다.

> *"담임입니다. 오늘 비대면 수업 3, 4교시 ○○과목에 ○○가 아무 연락 없이 불참했다는 통보를 받았습니다. 인정받을 만한 사정이 있었는지 궁금합니다. 그렇지 않으면 미인정 결석으로 학생부에 기록해야 합니다. 그보다 아이가 그 시간에 안전하게 있었는지 궁금합니다. 저도 시간 나는 대로 연락을 취하겠습니다만 아이가 담임 전화를 꺼려서 안 받을까 걱정입니다. 아이 안전이 확인되는 대로 연락 주십시오. 바쁘신데 긴 글 읽어 주셔서 감사합니다."*

이렇게 학부모와 나눈 문자 메시지나 음성 통화는 가능한 보관해 두길 바랍니다. 제가 생활지도부장 시절 공무상 병가를 받은 적이 있는데 바로 이 문자 메시지와 SNS(카카오톡 등) 기록이 증빙자료가 되었습니다. 보관해 둔 것을 정리하고 보니 무려 A4 600쪽에 이르더군요. 학생을 위해서도 교사를 위해서도 학부모에게 즉각적으로 이용할 수 있는 연락 수단은 필요합니다.

SNS:
시험 기간 맛있는 반찬 부탁드려요!^^

긴급하고 중요한 사안이 아닌 일상적인 소통에도 문자 메시지는 유용합니다. 특히 카카오톡 등의 SNS 메시지는 서로 간에 부담스럽지 않게 소통할 수 있어 자주 애용하게 됩니다.

저는 시험 기간 전후에 아이들뿐 아니라 제 SNS에 친구로 등록된 학부모들에게도 독려 메시지를 보내곤 합니다. 성적에 대한 기대와 걱정으로 잔소리를 쏟아 내 아이들 컨디션을 망치는 부모들이 있을까 걱정되기 때문입니다. 아이들이 불안해하지 않고 실력을 최대한 발휘할 수 있도록 실질적 도움이 되는 팁을 SNS로 전수합니다.

"안녕하세요. 아이들 시험 준비 돕느라 힘드시지요? 저는 제 아이들 시험 기간 중에는 살림하시는 어머께 특별히 반찬값을 드리고 애들이 좋아하는 반찬 해주십사고 부탁드렸습니다. 공부를 열심히 하든 안 하든 스트레스 엄청나게 받으니 영양 보충해 주려고요. 또한 시험 결과와 관련한 보상은 마일리지

로 했어요. 직전의 평균 점수를 기준으로 점수가 오르면 1점당
얼마씩 특별용돈을 주는 방식이지요. 이렇게 하면 실패로 인해
아이가 좌절할 가능성이 줄고 안정감을 높일 수 있습니다."

"안녕하세요. 내일이면 드디어 마지막 시험입니다! 그간 수고
했으니 시험 끝나고 실컷 놀다 오라고 내일 아침에 특별용돈
부탁드립니다! 어버이날 선물값까지 포함해 주시면 더욱 좋고
요. ^^"

시험이 끝나고 물어보니 열여덟 명의 아이가 용돈을 받았
다고 손을 들더군요. 아이들은 영문도 모른 채 그저 싱글벙글
합니다. 내가 SNS로 부모님 옆구리 찌른 거라고, 어버이날 선
물 살 돈까지 포함해서 넉넉히 주시라 부탁드렸다고 하니 다들
깜짝 놀랍니다. 어쩐지 용돈이 좀 세더라니 하며 묘한 표정을
짓기도 합니다. 어버이날 선물 목록을 추천해 주었습니다. 특
별용돈을 받지 못한 아이 중에는 그날로 집에 돌아가 부모님께
담임과 SNS 친구를 맺으라고 요청한 아이도 있었답니다. 담임
과 부모의 짬짜미를 의심하는 아이들에게 믿음을 준 순간이었
지요. 물론 학부모들의 반응도 아주 좋았습니다.

"선생님, 항상 감사합니다. 생각하지 못한 부분을 가르쳐 주서
서요!"

"선생님 말씀대로 했더니 아들이 너무 좋아합니다. 요즘 학교 생활을 즐거워하는 게 눈에 보여요. 선생님 덕분입니다."

"안 그래도 주말에 삼겹살 잔치를 했어요. 집안 분위기가 한결 나아지고 있네요. 관심과 배려에 감사드립니다."

전화 상담:
안 오셔도 됩니다. 언제든 연락 주세요

―――

학년 초마다 가정환경조사서를 다 걷고 나면 학부모들과 전화 상담을 합니다. 담임이 전화 연락을 할 거라고 아이들을 통해 미리 알려 놓는 게 좋습니다. 학생에 대해 부탁하시고 싶은 사항이 있는지 알고 싶어 연락드리니 놀라지 마시라고요. 저는 직장에 다니는 학부모들을 배려하여 주로 늦은 오후나 주말을 이용하여 통화를 했습니다.

환경조사서에 적힌 내용 중 궁금한 점, 예를 들면 아이 오빠는 어느 학교 몇 학년이냐? (혹시 고3이라면) 고민이 많으시겠다! 등등 사소한 이야기를 나누며 환경조사서 빈칸을 채우고, 병력이 있다면 학교에서 신경 써야 할 점은 무엇인지, 아이와 부모의 진로 희망은 어떤지 등을 통해 학부모들의 마음을 열도록 노력합니다. 고맙게도 마음의 문을 활짝 열어 준 분이 계시면 조심스럽게 직업을 묻기도 합니다. 나중에 특기적성교육 강사로 위촉하기 위해서입니다. 만화가, 경찰, 작곡가, 과학자,

판사, 간호사, 헤어디자이너 등 생각보다 많은 분이 흔쾌히 응해 주셔서 특별한 강좌를 열어 아이들에게 즐거운 시간을 선물할 수 있었습니다. 진로와 관련된 봉사활동으로 연결해 주면 아이들이 더욱 열심히 참여합니다.

> 아침 일찍부터 건우네 아버지 차를 타고 건우네 아버지가 근무하시는 경찰서로 갔다. 차를 타고 가면서 경찰관이 되는 진로 정보를 얻었다. 그때 애들 표정은 무척 진지해 보였다. 건우네 아버지는 교통경찰관이신데 아침 뉴스에 나오는 교통정보나 교통관리를 한다고 하셨다. 우리는 순찰차를 타고 고속도로에서 경찰관들이 어떻게 일을 하시나 봤더니 오토바이가 들어오면 안 되는 곳에서 오토바이를 못 다니게 하고 과속이나 추월 운전 등을 하지 못 하게 통제하는 일을 하셨다. 나는 이때까지 범인을 잡고 잠복근무하는 것이 경찰이라고 생각했는데 경찰 업무에는 여러 가지가 있다는 것을 알았다. 이번 봉사활동으로 깨달은 것이 많다고 느껴서 보람 있었다.

특별히 학부모님의 직업이 교사일 경우 모든 것을 제게 맡기고 아무 근심 걱정하지 마시라고 합니다. 동지(?)로서 같은 교사가 돕지 않으면 누가 돕겠느냐고도 말합니다.

절대 찾아오실 필요 없다는 말도 덧붙입니다. 학교로 찾아뵙겠다는 분이 계시면 구태여 찾아오지 마시고 휴대전화로 언제든지 연락 달라고 합니다. 실제로 재직 기간 내내 부모님들과 전화 상담을 정말 많이 했는데(어느 해에는 담임 수당보다 휴대전화 비용이 더 나올 정도로!) 물론 조금 피곤할 수 있지만, 평소에 기울인 노력은 절대 배신하지 않습니다. 30년 넘는 세월 동안 제가 담임을 맡은 학급의 학부모 중 학교에 쳐들어와서 언성을 높이고 소란을 피운 이가 딱히 기억나지 않는 걸 보면 정말 그런 것 같습니다.

What Great Principals Do Differently(훌륭한 교장은 무엇이 다른가, 2020, 토드 휘태커 지음)의 저자는 교장 재직 시절 학부모총회가 열릴 때마다 학부모들에게 개인 전화번호가 적힌 명함을 돌리며 언제든 연락하라 했다고 합니다. 주변 학교 교장들은 집에서라도 쉬어야지 언제든 전화가 오면 어떻게 하냐며 이를 이해하기 어렵다고 했답니다. 하지만 정작 학부모 중에 휘태커 교장에게 전화를 거는 이는 많지 않았다고 합니다. 이렇게 늘 소통하려는 교장이니 얼마나 많은 전화가 오겠느냐 걱정하며 오히려 전화를 못 하겠다고 하더랍니다.

저도 이와 비슷한 경험이 있습니다. 교내 체육대회를 앞두고 방과 후 다른 반과 축구 연습경기를 하다가 한 아이가 상대 선수 머리에 얼굴을 부딪혀 상당히 부풀어 올라 정밀검사까지 받게 되었습니다. 저는 당연히 '학교안전공제회'로부터 치료비를 받게 될 것이니 아무 걱정하지 마시고 치료를 받으시라고 말씀드렸는데, 아뿔싸! 공제회에서 당시에는 방과 후에 일어난 사고라서 일과에 들어가지 않아 피해 보상이 안 된다고 하더군요. 이해하기 어려웠지만 하는 수 없이 학부모에게 사실을 말씀드리고 용서를 구했습니다. 하지만 어머니께서는 분노는커녕 오히려 제 걱정을 더 하시더군요. 학부모총회에도 오시고 평소 전화로도 연락을 주시던 분이셨습니다.

"선생님, 저 같은 학부모들 일일이 상담해 주시느라 바쁘실 텐데 심려를 끼쳐 드려 정말 죄송할 뿐이에요. 아무 걱정하지 마세요. 저희가 알아서 잘 치료하겠습니다."

종례신문:
엄마가 먼저 찾는 신문

2005년부터 학급 일간지인 〈종례신문〉을 만들어 거의 매일 아이들에게 나눠주었습니다. 학년 초에 전달사항이 하도 많으니 아이들도 자꾸 까먹고 저도 다 챙기기 힘들어서 그저 편의상 인쇄해서 나눠준 게 시작이었습니다. 학교 전체 차원에서 내려오는 전달사항 외에 학급에서 일어난 시시콜콜한 이야기들을 A4 크기의 종이 한 장에 담았습니다.

- ‣ 내일은 ○○의 생일입니다. 종일 신나게 축하해 주세요!
- ‣ ○○가 충치가 심해져서 치과 수술을 받는답니다. 점심 먹고 양치합시다.
- ‣ 내일은 국회의원 선거일입니다. 가정마다 배포되는 후보 자료집을 읽고 부모님과 함께 후보를 평가해 보세요.
- ‣ 내일은 1학년 소운동회가 열립니다. 우리 반 계주 대표로 열심히 연습한 ○○, ○○, ○○에게 상큼한 응원 카톡을 쏘아줍시다!

‣ 영어 시간에 졸지 않는 친구들에게 마이쭈를 배포하겠습니다.
‣ 학급문고의 《부모와 십대 사이》, 《다시 태어나는 중년》은 부모님께 추천해도 좋고 여러분이 읽어도 좋습니다. 부모님을 이해할 수 있는 좋은 책입니다.
‣ ○○ 어머니가 날이 더워 아이스크림을 쏘고 싶다 하셔서 학교 앞 슈퍼에서 700원짜리 얼음과자를 할인받아 구입하고 ○○ 어머니에게 19,850원을 청구했는데 20,000원을 보내주셨습니다. 150원은 담탱이 챙겨도 될까요?

'종례신문'이라는 말은 아이들이 만들어 부르기 시작했습니다. 종례 시간에 이것저것 길게 말하지 않고 종례신문을 나눠주고 짧게 끝냈더니 아이들이 종례를 대신하는 신문이라고 그렇게 지어 불렀다고 합니다. 그 별칭이 이제 정식 제호가 되었습니다. 저도 편하고 무엇보다 아이들도 종례 시간이 짧다고 좋아해 줘서(다른 반 아이들이 일찍 끝나는 우리 반을 무척 부러워한다더군요!) 20년 넘게 이어 왔습니다.

아이들과 제가 효율적으로 소통하려고 만든 신문인데 학부모들의 반응이 훨씬 뜨거웠습니다. 아이들이 부모와 대화를 꺼려서 학교생활이 궁금해도 묻지 못했는데 종례신문을 보니 궁금증도 풀리고, 시시콜콜한 정보가 쌓이니 말도 더 잘 통하더라는 겁니다. 부모들 처지에선 모르는 게 당연하고 그래서

물을 수밖에 없는 질문도 아이들 입장에선 답답하고 짜증 나게 느낄 때가 많습니다. 성인보다 자기중심적이기 마련인 아이들은 상대방과 정보 격차가 있으면 대화를 힘들어합니다. 종례신문이 이러한 격차를 좁혀 가정에 평화를 가져다줬나 봅니다. 학부모들의 칭찬을 전해 들은 이후로 학부모에게 전하고 싶은 이야기도 종례신문에 담았습니다. 학부모들이 문자 메시지 등을 통해 보내 온 이야기를 붙입니다.

> "아이가 종례신문을 꺼내 놓지 않으면 이제는 제가 먼저 책가방을 열어서 종례신문을 읽게 됩니다. 종례신문을 통해서 교실에 있었던 전반적인 사항들을 더 자세히 알 수가 있어서 좋습니다. 같은 반 친구 이름도 그 어느 학년 때보다도 많이 알 수가 있고 그로 인해 대화도 더 많아졌습니다. 종례신문을 통해 추천해 주신 책 《다시 태어나는 중년》을 읽고 제 주변 사람들한테도 추천하고 있습니다. 아이도 교실에서 몇 줄 읽어 봤다고 해서 많이 놀랐습니다. 바쁘실 텐데 우리 가족 모두에게 도움을 주셔서 늘 감사하게 생각합니다."

> "우리 00가 말로 전달하는 것보다 종례신문을 지면이나 컴퓨터로 확인하니 내용이 더 잘 숙지되는 것 같습니다. 아들의 학교생활을 엿볼 수 있어 자연스레 대화하는 시간도 늘었습니다. 학습적인 면, 시사적인 면, 일상 생활적인 면 등 내용이 다양하

고 풍부하여 많은 도움이 됩니다. 어떻게 이 많은 일을 해내시는지 존경스럽고 우리 가족을 변화시켜 주신 선생님께 깊은 감사를 드립니다."

제 학생 중 한 명은 종례신문을 '저녁 식사'에 빗대더군요. 가족을 한자리에 모이게 해주고 함께 나눌 수 있는 이야깃거리를 제공해 주기 때문에 그렇답니다. 그간 대화가 부족해 부모님에 대한 불신이 쌓였는데 이제는 믿음이 커져서 더 많은 고민을 부모님과 나누게 됐다고 이야기하는 순간 고마운 마음에 눈물을 참느라 혼났습니다. 저야 제 편의로 시작한 일이지만 분명 어떤 교사들에게는 괜히 부담만 더하는 일이 될 수도 있습니다. 평소 문서 작성을 완벽히 하려 하는 교사라면 더욱 그럴 겁니다. 완벽한 서식에 멋진 문장으로 채우려 애쓰지 마십시오. 어차피 한 번 보고 버리는 메모라고 생각하세요. 아이들도 부모들도 교사도 행복할 수 있도록 자신만의 다양한 방법을 궁리해 보시길 바랍니다.

II

학부모 교육

자녀에게 맞장구를 쳐 주세요
까칠한 자녀와 대화하기
자녀에게 칭찬할 것이 별로 없다고요?
내신 9등급 학생의 부모님께
자녀를 혼내야 할 때
아버님, '사랑의 매'도 불법입니다
학부모 마음 돌보기

자녀에게 맞장구를 쳐 주세요

어느 학교의 학부모 연수를 갔더니 현수막에 "엄마도 엄마가 처음이야!"라고 쓰여 있어 흥미로웠습니다. 어느 순간부터 자녀와의 소통에 한계를 느끼고 점차 두려운 마음조차 들곤 하는데 이런 부모의 마음을 잘 표현한 문장 같습니다.

담임교사로서 학부모 교육은 피할 수 없습니다. '가화만사성'은 이제 진부하게 들릴 수도 있지만 한창 자라는 아이들에게는 여전히 잘 들어맞는 단어입니다. 아이들의 폭력적인 성향은 자존감 부족과 그로 인한 깊은 우울감에서 비롯된 경우가 많고 이는 부모와의 관계에서 정서적 결핍을 겪은 것이 원인일 가능성이 큽니다. 학부모가 아이와의 관계를 바로잡을 수 있도록 돕는 것은 교사의 중요한 역할 중 하나입니다.

자녀와의 관계에서 어려움을 겪는 학부모들에게 제가 가장 먼저 강조하는 점은 '공감'입니다. 부모 교육이니까 제가 부모로서 겪은 사연을 풀어 볼까 합니다. 제 딸아이가 중학교 1학년이었을 때의 일입니다. 학교에서 진행한 심리검사 결과,

'자살 위험군'에 속한다는 청천벽력 같은 소식을 전해 들었습니다. 이런 아이들을 돕기 위한 매뉴얼을 개발한답시고 노력해 왔지만, 막상 내 아이에게 닥치니 머릿속이 새하얘지더군요. 며칠 만에 겨우 마음을 추스르고 당시 교육부 학교폭력 대책자문위원으로 평소 알고 지내던 김현수 정신의학과 교수에게 상담을 의뢰했습니다. 까칠한 아이를 설득해 상담실로 데려가는 길도 당연히 험난했습니다.

상담 후 결과를 들어 보니, 몇 명씩 무리를 지어 놀기 좋아하는 여자아이들 사이에서 이리저리 눈치 보느라 여간 힘든 게 아니었다고 합니다. 집에서는 과학고를 준비하는 오빠를 옆에서 지켜보고 때로는 어른의 의도와 무관하게 스스로 비교하면서 상처를 받았다고 합니다. 자존감이 무너졌고 그래서 우울했고 자살 위험군이라는 충격적인 진단이 내려진 겁니다.

상담 결과는 A4 용지에 잘 정리해서 아이의 할머니와 오빠 등 가족 구성원 모두와 공유했습니다. 그리고 자존감과 우울감에 관한 책 중 청소년을 대상으로 한 책을 스무 권가량 구입해서 아이에게 보여 주니 그중 몇 권을 스스로 고르며 읽어 보겠다고 하더군요. 이왕에 읽는다면 생활기록부 독서 이력에 기록될 수 있게 독후감도 써 보라고 해서 담임선생님께 보내 드리고 전체 치유과정을 공유하였습니다.

나는 항상 내가 보통 사람이라고 생각했다. 이쁘지도 않고 못생기지도 않은, 공부를 너무 잘하지도 않고 너무 못하지도 않는, 빼빼 마르지도 않고 뚱뚱하지도 않은, 운동을 잘하지도 못하지도 않는, 특별한 것이 없는 아이라고 생각했다. 그래서 그만큼 나에 대한 자신감이 없었다. 하지만 《난 내가 정말 좋아》라는 책을 읽고 나의 장점, 내가 정말 좋아하는 것, 내가 잘하는 것에 대해 알게 된 것 같다.

자존감이 있다면 이쁜 척, 멋진 척, 잘난 척, 가진 척 등을 하지 않아도 된다. 남들의 시선을 신경 쓰지 않아도 되고 남들의 부러움도 필요로 하지 않게 된다. 왜 우리는 공부, 돈, 외모만 생각하고 자기 자신이 지닌 다양한 장점은 보지 못하는 걸까.

가족, 친구, 학교는 나에게 큰 영향을 준다. 하지만 무엇보다 중요한 것은 '자아'의 영향일 것이다. 나쁜 환경이라도 나 자신을 믿고 나의 마음이 하는 말에 귀를 기울이고 자신의 의지로 버티면 성공할 수 있으리라 생각된다.

가족들은 김현수 교수가 처방해 준 '아이에 대한 공감'을 행동에 옮기는 데 주력했습니다. 옳고 그름을 판단해 주는 것보다 아이 감정을 이해하고자 노력했습니다. 김 교수에 따르면 부모들은 행위 선택의 기준을 주로 '옳고 그름'에 두는 반면, 아이들은 '좋고 싫음'을 우선하기 때문에 갈등이 발생한다고 합니다. 아이의 기준을 존중해 주면서 판단보다 공감을 우선하려고 기를 썼습니다. 아이가 이야기할 때 비슷한 표정을 지으며 거울처럼 호응하는 '미러링 기법'이라는 걸 쓰면 아이의 마음을 얻을 수 있다는 글을 우연히 읽고 이를 따라 실천해 보았습니다. 놀랍게도 미러링 기법으로 아이와 감정 소통의 봇물이 터진 느낌이 들었습니다. 아이와 대화할 때면 아이 표정을 그대로 아니 살짝 과장하여 흉내 내며 "아, 그래서 오늘은 우리 딸내미 기분이 조금 ~~~했구나...!"라고 맞장구를 쳤습니다. 어느 날 열심히 딸아이 표정을 따라하며 '리액션'을 해주고 있는데 아이가 갑자기 얼굴 가득 미소를 띠더니 "아빠 표정 쩔어!"라고 하더군요. '쩔다'라는 표현의 정확한 의미는 모르지만 좋다는 뜻인 것 같고 무엇보다 간만에 본 아이의 미소에 세상을 다 가진 기분이 들었습니다.

중3을 마친 겨울방학에 이웃에 사는 가족들과 눈 덮인 길을 걸어 설악산 백담사를 함께 여행했습니다. 늘 엄마 아빠 주변을 맴돌며 관심 받고 싶어 하던 아이가 다른 집 아이들과 신나게 어울리고 있었습니다. 아내에게 아이가 옛날로 돌아간 것 같다고 했더니 고개를 끄덕입니다. 친구들이, 아니 세상이 아이를 아무리 따돌리려 해도 부모가 지원하고 공감해 주면 아이는 건강하게 자랄 수 있습니다.

2012년에 대한소아청소년정신의학회 주최로 열린 '학교폭력 근절을 위한 정신건강 대책 공청회'에서 흥미로운 연구 결과가 발표되었습니다(한겨레신문, 2012년 6월 6일). 영국 옥스퍼드 대학과 오스트레일리아 퀸즐랜드 대학이 공동으로 진행한 연구였는데 2008년에 이 연구에 참여했던 서울대 정신건강의학과 김붕년 교수는 이날 발표에서 정서적 공감능력과 따돌림·학교폭력의 관계를 수치로 확인시켜 주었습니다. 두 대학의 연구진은 2,232쌍의 오스트레일리아 쌍둥이 아동들이 5세, 7세, 10세, 12세일 때 가정으로 방문해 면접조사를 했습니다. 그리고 이 아이들이 12세일 때 학교폭력과 집단 따돌림 경험 유무로 집단을 나눈 뒤, 이들이 5세 때 측정했던 공감능력 지수를 들여다보니 다음과 같았다고 합니다.

공감능력 지수 (5세에 측정)	학교폭력과 집단 따돌림 경험 (12세에 조사)
5.06	경험 없음
4.24	가해 경험 있음
4.22	피해 경험 있음
3.64	가해 및 피해 경험 있음

김붕년 교수에 따르면 공감능력은 정서적 공감과 인지적 공감으로 나뉩니다. 가해 아동은 타인을 배려하고 약자를 동정하는 정서적 공감능력이 부족하고, 피해 아동은 타인의 표정과 태도 등을 통해 상황을 이해하는 인지적 공감능력이 부족한 경

향을 보인다고 합니다. 어린 시절 형성된 공감능력에 따라 추후 가해자가 될 수도 피해자가 될 수도 있습니다. 부모가 늘 따뜻한 공감과 올바른 이해를 보여 줘야 하는 이유입니다. 부모의 공감능력은 자녀에게 대물림됩니다.

제 딸아이는 피해 경험을 겪었지만 다행히 치유과정을 통해 공감능력이 탁월한 사람으로 성장했습니다. 가족과 친구들을 상담해 주기도 하고 심리학과 진학에도 관심을 보였습니다. 이미 중학생이 된 이후였지만 가족 구성원 모두 힘을 합쳐 아이의 상처를 공감하고 위로하니 이내 건강한 사회 구성원으로 자라 주었습니다. 상처받은 치유자(Wounded Healer)라는 말이 있다고 합니다. 상처받은 자에게 치유의 힘이 있다는 뜻입니다. 상처가 아물자 굳은살이 생겨 남의 상처도 공감해 줄 힘이 생긴 것입니다.

학부모 상담을 하다 보면 자식을 위한 길이라며 따뜻한 마음을 애써 숨기고 정서적으로 가혹하게 자녀를 대하는 부모들을 만나게 됩니다. 훈육도 서로의 마음이 통해야 효과를 볼 수 있습니다. 학부모들에게 공감의 중요성을 끊임없이 당부해 주세요. 저는 학부모들에게 '판공비잘'이라는 팁을 전수합니다. '판단을 원하는지, 공감을 원하는지, 비율은 잘 살피자'라는 뜻입니다. 자녀의 마음을 꿰뚫을 필요는 없습니다. 그저 아이의 표정을 살피며 맞장구만 잘 쳐도 90퍼센트 이상 성공입니다.

까칠한 자녀와 대화하기

사춘기 아이들은 참 까칠합니다. 학부모들이 토로하는 어려움 중에는 대화와 관련된 것들이 많습니다. 대화로 문제를 해결하고 싶은데 까칠한 자녀와의 대화는 절대로 부모가 원하는 대로 흘러가지 않기 때문입니다. 물어보는 말엔 대꾸를 안 하고 입 다물고 있어야 할 땐 끼어들고 참고 참다 한마디 하면 즉각 말대꾸를 하며 대들기 일쑤입니다.

끼어드는 아이, 말대꾸하는 아이, 대드는 아이의 마음속에는 더 많은 관심을 받고자 하는 욕구가 자리합니다. 인간의 인정 욕구는 자연적 욕구만큼이나 강렬합니다. 부모에게 관심과 인정을 받고자 표현하는 것인데 방법이 어색하다 보니, 또한 어른들이 좋아하는 얌전하고 순종적인 태도가 아니다 보니 부모 눈엔 그저 반항으로만 보이는 겁니다.

자녀에게 관심을 표하는, 꽤 간단한 방법을 하나 소개합니다. 학부모들에게 자주 추천했고 효과가 크다고 감사 인사도 자주 들은 방법입니다. 아이가 학교에 갔다 왔을 때, 혹은 부모

자신이 외출하고 집에 들어왔을 때 아이와 만난 최초의 15분, 그 15분만 유의하시면 됩니다. 15분간 아이에게 등을 보이지 않는 것이 포인트입니다. 15분간 아이에게서 시선을 떼지 말고 소소한 일상 대화라도 지속하라는 뜻입니다. 그러면 아이가 관심을 충분히 받았다는 생각이 들어서 어른들이 이야기하는 데 굳이 끼어들거나 자꾸 말대꾸를 하는 식으로 자기를 드러내려 하지 않을 겁니다.

또한 저는, 아이들이 대화 중간에 끼어들거나 말대꾸하는 것에 대해선 부모님들이 생각의 방향을 전환해 주셨으면 한다고 당부합니다. 말대꾸를 부정적인 측면으로만 보지 말아 달라는 뜻입니다. 자기 의견을 표현하는 방법을 연습하는 중이라고 생각하면 됩니다. 서툴더라도 앞에서 표현하는 버릇을 들여야 '뒷담화'에 빠지지 않습니다. 학교에서 뒷담화는 돌고 돌아서 학교폭력으로 이어지기도 합니다. 입을 막을 게 아니라 화를 식히고 잠시 생각한 후에 천천히 말하는 방법을 가르쳐야 합니다. 동요 〈산토끼〉를 개사해서 노래를 만들어 봤습니다.

말-대꾸 아녜요. 의-견일 뿐이죠!
자-기 의-견 말해야 왕따 뒷담 사라져요!

대들기 역시 관심 끌기와 관련이 있습니다. 부모에게 악을 쓰고 위협을 가하고 폭력을 저지르는 경우도 봤습니다. 그러나 끼어들기나 말대꾸보다 수위가 높을 뿐 근본은 똑같습니다. 관심 끌기에 연이어 실패하다 보면 인정 욕구가 억눌리고 어느 순간 폭력적으로 발현되는 것입니다.

결국 아이들의 이런 까칠한 행동들은 관심받지 못해 슬프고 우울해서 나타나는 증상들입니다. 제 경험상 까칠한 아이들의 이면에는 늘 우울감이 존재했습니다. 신경정신과 전문의들에 따르면 우울감의 반대말은 자존감이라고 합니다. 자존감이 있으면 아무리 우울해도 거칠거나 극단적인 행동을 선택하지 않는다고 합니다. 자녀의 까칠한 말대답과 대들기에 지친 학부모들이 있다면 자존감을 해답으로 제시해 보세요.

그러면 이 자존감을 키우기 위해 부모가 할 수 있는 일은 무엇일까요? 정답은 칭찬입니다. 의외로 칭찬을 할 줄 모르는 부모가 많습니다. 칭찬도 기술이 필요합니다. 다음 꼭지에서 이어가겠습니다.

자녀에게 칭찬할 것이 별로 없다고요?

자라나는 아이들에게 칭찬이 중요하다는 것은 누구나 알고 있습니다. 그래서 저 역시 늘 칭찬을 입에 달고 삽니다. 칭찬에서 그치지 않고 학급 아이들에게 떠들썩하게 알려 아이의 기를, 즉 자신감과 자존감을 높여주려 애쓰곤 합니다.

그런데 학부모들은 칭찬이 어렵다고들 합니다. 쑥스러워서도 아니고 버릇 나빠질까 염려되어서도 아니고 놀랍게도 자기 자식에게 칭찬할 점이 별로 없다는 분들이 많습니다. "저는 칭찬하느라 입이 아픈데요?"라고 말하면 부모는 깜짝 놀랍니다. "아이가 학교에서는 착하게 구나 봅니다!"라면서요.

제가 학부모들에게 칭찬의 기술을 전수할 때 가장 강조하는 점은 칭찬의 기준을 아이의 과거에 두라는 것입니다. 아이의 형제자매, 아이의 친구, TV에 나오는 아이를 칭찬의 기준으로 삼지 말고 아이가 직전에 비해 얼마나 나아졌는지를 찾아내서 칭찬하시라고 당부합니다. 어제보다 5분 일찍 일어나서 아침식사를 좀 더 여유 있게 했다면, 지난주보다 방을 덜 어질렀다면, 지난 학기보다 시험점수가 1점이라도 올랐다면 칭찬받아 마땅합니다.

수업시간마다 잠을 자는 아이가 있었습니다. 3월 첫날부터 대놓고 자던 아이입니다. 그런데 6월의 어느 날 보니 한 손에 볼펜을 쥔 채 자고 있길래 학급 아이들 다 들을 수 있게 외쳤습니다.

"애들아! 우리 ○○ 좀 봐라! 맨날 그냥 엎드려 자더니 오늘은 볼펜을 들고 잔다!"

아이들이 책상이 부서져라 두들기며 웃는 소리에 아이는 자다 깨서 멋쩍어하더군요. 저도 웃으며 수업을 마무리했습니다. 그런데 신기하게도 다음 수업부터 아이가 잠을 자지 않았습니다. 그냥 자는지 볼펜을 들고 자는지 그간 지켜보고 알아챈 사람이 있다는 사실에 큰 충격이라도 받은 걸까요? 즉시 ○○ 부모님께 문자 메시지를 보냈습니다.

"우리 ○○가 2학년 되고 4개월 만에 처음으로 수업시간에 잠을 자지 않았습니다. ○○의 변화를 인정하고 격려해 주세요!"

제 짬짜미 제안에 부모님도 적극 가담해 주었습니다. 중간고사에서 39등 중 38등을 했던 아이는 기말고사에서 16등이 되었습니다. 아이의 변화는 종례신문에도 자주 올라갔습니다.

고3이 되고 중학교 1학년 공부부터 다시 시작한 아이는 졸업하고 1년 더 공부하더니 서울 소재 컴퓨터공학과에 4년 전액 장학금을 받고 입학했고 졸업 후 대학원에 진학해 시각을 통한 사물 인식을 연구하는 석·박사과정을 밟게 되었다는 소식을 전해 왔습니다.

무서운 일진도 칭찬 한마디에 마음을 바로잡기도 합니다. 중학교 2학년 때 학교의 이른바 일진으로 폭력 가해 학생으로 생활지도부에 들락날락하던 아이가 있었습니다. 수업시간에는 수업 방해만 일삼다가 쉬는 시간이면 친구와 복도에서 권투나 발차기를 주로 합니다. 한번은 복도를 지나는데 저에게 주먹을 휙 날리는 겁니다. 순간 화가 치밀었지만 귓전에 스치는 바람 소리에 곰곰 생각해 보니 덩치가 그다지 큰 편이 아닌데 순간적인 힘이 상당한 것 같았습니다. 주먹을 임팩트 있게 날릴 줄 아는 것이죠. 집중력과 순발력이 좋으니 골프를 하면 어떻겠느냐고 부모님께 말씀드렸습니다. 몇 달 동안 개인지도를 받게 했더니 가능성이 있다고 해서 선수를 해보기로 했다고 합니다. 여전히 삐딱한 태도를 보였지만 폭력을 안 쓰는 것만 해도 크게 발전한 것이라 생각하고 계속해서 칭찬을 아끼지 않았습니다. 정식 골프선수로 등록을 한다고 해서 앞으로 바빠질 테니 일정 관리 잘하라고 고급 3색 볼펜과 수첩을 사서 조회 시

간에 선물로 주었습니다. 종례신문에도 알리고 생활기록부에
도 기록하고 선수 등록증을 가져오라고 해서 복사하여 교실 뒤
칠판에 붙여 놓았습니다. 처음에는 놀라고 당황하는 듯 싶더니
기말고사에 임하는 자세가 완전히 달라지고 그토록 말 많던 아
이가 수업 태도도 달라졌습니다. 골프 잘하는 '귀한 팔' 소중히
다루자 했더니 복도에서 아이들을 괴롭히는 일도 사라졌습니
다. 자존감이 올라가서 굳이 그럴 필요가 없어진 거죠. 20대 중
반인 지금 이 아이는 프로골퍼로서 세계를 누비며 누구보다도
바르고 멋지게 살고 있습니다. 칭찬은 고래도 춤추게 하고 일
진도 노력하게 합니다.

늘 점심시간에야 등교하는 아이를 혼내기보다 3교시에 등
교하는 날 칭찬을 해주니 다음날은 더 빨리 등교합니다. 8시에
등교하는 애들과 비교하며 맨날 지각한다고 혼을 냈다면 아예
학교에 나오지 않았을지도 모릅니다. 칭찬은 그 아이의 과거를
기준으로 해야 합니다. 과거보다 조금이라도 잘하고 있다면,
혹은 잘할 수 있는 부분을 찾아낸다면 칭찬거리는 무궁무진합
니다.

《훌륭한 교사는 무엇이 다른가》의 저자 토드 휘태커 교수
는 벤 베셀(Ben Bessell) 박사가 제안한 칭찬의 5대 원칙을 매일
매일 실천하려 노력했다고 합니다.

1. 진정한 것을(authentic) 칭찬하라.

2. 구체적으로(specific) 칭찬하라.

3. 바로바로(immediate) 칭찬하라.

4. 순수하게(clean) 칭찬하라.

5. 사적으로(private) 칭찬하라.

　　2, 3, 4번은 상대적으로 쉬운 원칙입니다. '볼펜을 쥐고 자는' 구체적 행위를, 발견한 즉시 그 자리에서, 지난날의 잘못과는 상관없이 그 순간만을 순수하게 칭찬하면 됩니다. 1번의 경우, 진정한 노력인지 우연의 결과인지 헷갈린다면, 즉 과한 칭찬인지 아닌지 모르겠다면 무조건 칭찬하는 쪽을 선택하는 것이 좋습니다. 5번의 경우, 사적으로 칭찬해야 할지 공개적으로 해야 할지 헷갈린다면 사적으로 하는 편이 안전하다고 휘태커 교수는 말합니다. 그러나 제 경험으로 보면, 대부분의 경우 공개적인 칭찬이 더 효과적인 것 같습니다. 특히 우등생이 아닌 경우 더욱 그렇습니다. 다른 아이들도 평소 선생님의 칭찬과는 거리가 먼 아이가 칭찬을 받으면 흥미로워하면서 기꺼이 동조하는 모습을 보입니다. 어느 쪽이 아이들의 자존감 양성에 더 도움이 될지 생각해 보십시오. 아이들의 낯선 행동, 까칠한 행동의 심리적인 배경을 이해하고 있다면 판단하는 데 도움이 될 것입니다.

키보다, 몸무게보다, 내신 등급보다 자존감이 중요합니다. 자존감을 키우기 위해선 칭찬이 중요하고, 칭찬의 효과를 극대화하려면 아이의 달라진 모습을 알아챌 수 있어야 합니다. 요즘 아이들은 학교와 학원에서 대부분의 시간을 보내고 집에서도 방에 들어앉아 스마트폰만 들여다보기 때문에 부모들이 아이를 충분히 관찰하기 힘들 수 있습니다. 학교에서의 변화가 감지되면 소소한 것이라도 학부모에게 즉시 알려 주세요. 안팎에서 칭찬을 받으면 아이의 자존감도 행복감도 올라갑니다. 〈열 꼬마 인디언〉을 개사해서 〈인정 보약 송〉을 만들어 봤습니다. 학부모들에게 가르쳐 드리고 하루 스무 번씩 실천하시라고 독려해 주세요.

〈인정 보약 송〉
자-녀 간에도 비-교는 안 돼요!
비-교는 독약, 인-정은 보약!
인-정의 기준 아-이의 과거로!
하루 스무 번 도전!

부모님께 가장 받고 싶은 칭찬 Best

비언어적 표현	언어적 표현
하이 파이브	가능성이 보인다
손 꼭 잡아 주기	나날이 발전하네
어깨 두드리기	대견해 기특해
엄지 척! V 또는 OK 표시	넌 참 믿음직스럽다
놀라 기절하는 표정	넌 할 수 있어
등 토닥토닥	열심히 해서 보기 좋다
포옹	네가 해낼 줄 알았어
머리 쓰다듬기	너를 보면 기분이 좋아
작은 선물(꽃, 초콜릿)	역시 너야! 자랑스러워
미소 짓기	어쩜 그런 생각을!
볼 꼬집어 주기	고생한다 쉬엄쉬엄 해라
뽀뽀	고마워

* 2015년, 면목고등학교 1학년 4반 설문(복수응답)

내신 9등급 학생의 부모님께

어느 날 학생들과 대화를 주고받다가 놀라운 이야기를 듣게 되었습니다.

> "선생님, 그거 아세요? ○○이는 영어 시간에만 안 자요. 심지어 영어 시간 끝날 때마다 영어 시간은 왜 이렇게 빨리 가냐고 아쉬워해요."

> "뭐라고?!! 그럼 혹시 너희들 졸려서 자는 게 아니라 수업시간을 선택해서 잔다는 거냐?"

> "그럼요! 모르셨어요? 아침에 와서 시간표 보고 어느 과목에 잘지 미리 골라 놓는 애들이 많아요!"

그 학생이 말한 ○○이는 축구부 아이였습니다. 어차피 최저학력만 넘기면 되니 수업시간에 자리만 지키고 있어도 충분합니다. 그런 운동부 학생이 영어 시간에 엄청난 집중력을 보이며 수업에 참여하고 있었습니다. 이유는 스티커 단어장!

천호동 완구골목에서 구입한 알파벳 스티커를 중학교 2학년 학생들이 탐내길래 써 보라고 줬더니 스티커로 단어장을 만들어서 제게 보여 주더군요. 수업시간마다 딴소리로 수업을 방해하고 쉬는 시간이면 복도를 울부짖다시피 하며 다니는 아이들이었습니다.

내심 놀라 스티커를 더 사다가 수업시간마다 이 아이들에게 그날 배운 단어를 가지고 스티커로 낱말 퍼즐을 만들게 했더니 대단히 진지하게 20~30분을 집중해서 만들어 내곤 했습니다. ○○이 역시 스티커 작업에 동참한 아이였고 저는 이 아이들을 '학습자료 제작단'으로 위촉하여 영어 시간마다 도움을 받았습니다.

사람마다 자기에게 잘 맞는 학습 스타일이 있습니다. 손으로 필기를 해야 공부가 된다는 사람, 입으로 중얼거려야 암기가 된다는 사람, 동영상이나 PPT 같은 시각 자료를 보면 이해가 잘 된다는 사람….

○○이는 촉각과 신체활동을 이용하면 집중력을 발휘하는 스타일입니다. 괜히 축구선수가 된 게 아니지요. ADHD를 겪는 아이들은 학습용 영상 콘텐츠를 촬영해 보자고 하면 누구보다 적극적으로 참여합니다. 신체활동을 동반한 학습이 잘 맞는 아이들인 거죠. 사실 촉각을 이용한 학습은 영아기에만 해당한다고 알고 있었습니다. 인간은 발달 단계에 따라 학습 방법도 달라지는데, 영아기에는 촉각을, 아동기에는 신체활동을, 청소년기에는 시각을, 이후에는 청각을 주로 이용한다고 합니다. 그러나 35년의 교직 경험상, 시각과 청각만으로는 수업을

소년기	청년기
시각학습자	**청각학습자**
신체학습자	**촉각학습자**
유소년기	영아기

따라오지 못하는 청소년들을 허다하게 만났습니다. 이들은 안타깝게도 일찌감치 하위권으로 분류되며 공부를 포기하게 됩니다.

성적이 하위권인 아이들의 부모를 만나 보면 제가 무슨 이야기를 꺼내기도 전에 아이를 깎아내리는 분들이 많습니다. 오직 내신등급이라는 하나의 기준에 얽매여서 아이의 삶을 옥죄고 있는 것이죠. 이 아이들은 그저 시각과 청각 위주의 학교 수업이 잘 맞지 않을 뿐인데도 말입니다. 그러나 학교 공부밖에 모르는 대부분의 부모는 새로운 학습 스타일과 새로운 길을 찾아서 자녀에게 제시하는 것이 말처럼 쉽지 않습니다. 그래서 교사가 이 부모들을 도와야 합니다. 시각이나 청각보다 촉각과 신체활동 측면이 우수하여 남다른 방식으로 공부를 하거나, 공부 외 다른 분야에서 성공한 사례를 많이 수집하고 제공해야 합니다. 그러려면 물론 아이의 강점을 찾는 일부터 함께해야겠지요.

수업시간 내내 커터칼로 나무젓가락을 깎아 목검을 만든 아이가 있었는데 이를 제 유튜브 채널에 업로드했더니 조회 수가 24만에 이르고 구입하고 싶다는 댓글이 300개가 넘었습니다. 고등학교 때 한식, 중식, 일식 조리기능사 자격증 세 개를 모두 딴 한 여학생은 조리 관련 대학에 갔으나 일찌감치 중퇴를 하고도 서초동에 있는 유명 레스토랑의 셰프가 되었습니다. 부모의 반대에도 손가락에 관절염이 오도록 가위질을 연습한 아이는 잘나가는 헤어디자이너가 되었고 그간 모은 돈으로 일본에 미용 유학을 가겠다며 준비 중입니다. 제 자녀들은 대학에 다니는 와중에 진로를 바꿨습니다. 첫째는 초등학교 때부터 관심을 보이던 생명공학과에 갔으나 지금은 컴퓨터 프로그래머로 일하고 있고, 둘째는 경영학과에 갔으나 지금은 상담교사가 되기 위해 준비 중입니다.

아이의 강점을 발견하고 이를 키워 주고 어떤 상황에서도 아낌없는 지지를 보내는 일은 어른의 중요한 책무입니다. 연구자들에 따르면, 강점을 제대로 발견하여 훈련을 시키면 일반적인 훈련보다 다섯 배의 효과를 볼 수 있다고 합니다.

> 인생의 진정한 비극은 우리가 충분한 강점을 갖고 있지 않다는 데 있지 않고, 오히려 가진 강점을 충분히 활용하지 못하는 데 있다.
> - 벤저민 프랭클린 -

비단 효율의 문제가 아니라 앞서 강조한 자존감의 문제이기도 합니다. 만화 잘 그리는 아이는 만화로, 노래 잘 부르는 아이는 노래로, 춤 잘 추는 아이는 춤으로 자존감을 키워야 합니다. 《공부 상처》의 저자이기도 한 김현수 정신의학과 교수는 다음과 같이 이야기합니다.

"아이들은 말리면 더 하고 싶어 합니다. 사춘기 아이들에게는, 우리 집 어른들은 내가 어떤 선택을 해도 믿고 지지해 줄 거라는 느낌이 중요합니다. 중간에 이건 내 길이 아니구나 해서 진로를 바꾸더라도 보호자들로부터 얻은 자존감이 있다면 다시 시작할 용기와 힘을 낼 수 있습니다."

모 중학교에서 학교폭력 가해학생 아홉 명 특별교육을 맡은 적이 있습니다. 본인이 원하는 진로에 부모님이 공감을 안 해 줘 갈등을 겪은 적이 있냐고 물으니 세 명이 그렇다고 대답합니다. 무려 3분의 1에 해당합니다. 그럴 때 어떻게 했냐고 물으니 곧바로 "사고 치죠!"라고 답합니다. 부모가 마음을 몰라 줄 때 아이들은 아주 손쉬운 앙갚음 방법을 택합니다. 부모가 싫어하는 일을 하는 겁니다. 늦게 일어나고 학교 간다고 나와서 땡땡이치고 담배 피우고 오토바이 사고를 내고⋯. 모 고등학교에서는 헤어디자이너가 되고 싶다는 남자아이의 희망을 부모가 반대하자 아이가 일부러 폭력을 행사해 퇴학을 당하는 경우도 보았습니다. 이런 갈등 상황에 놓인 학부모에게는 설득보다 구체적인 자료를 보여 드리는 것이 좋습니다. 진로 적성검사 등 객관적인 결과를 모아 두었다가 적절한 기회에 정보를 주세요. 아이에게는 세상 누구보다도 부모의 인정과 지지가 가장 힘이 되니 부디 마음의 기댈 곳이 되어 주셨으면 한다고 권하십시오.

교실이 아닌 또 다른 세상에서 성공을 일구고 있는 학생이나 졸업생의 수기를 틈틈이 받아 두시면 좋습니다. 짧은 몇 문장이라도 괜찮습니다. 종례신문에 실은 한 명의 이야기가 백명의 학생과 학부모에게 영감과 희망을 줄 것입니다.

안녕하세요. 저는 면목고 3학년 직업반 OOO입니다. 처음에 직업반에 와서 학교 공부에도 흥미가 없던 내가 전문 자격증을 과연 딸 수는 있을까 걱정을 많이 했습니다. 역시나 만만한 공부는 없더라고요. 그래도 국가자격증이라는 게 아무나 가질 수는 없는 걸 알기에 열심히 공부해서 필기에 합격했고, 생전 구경도 못 해본 기계를 밤 늦도록 만져 가며 실기도 합격했습니다. 뭐가 되든 열심히 노력하면 된다는 걸 알고 이제 또 다음 자격증에 도전하고 있습니다. 후배님들 모두 열심히 노력해서 성과를 일구길 바랍니다. 제 연락처 얻으시려면 송형호 샘께 요청하세요.

이 아이는 중학교 때 어머니가 돌아가시고 고등학교에 들어와 무단결석과 무단조퇴를 일삼던 아이였습니다. 아버지의 인내와 비슷한 일을 겪은 다른 아버지의 멘토링으로 3학년 때 직업반을 선택했고, 졸업도 하기 전에 배관기능사 등 모두 네 개의 자격증을 취득하여 학교를 들썩이게 만들었습니다.

한국은 대학교육 이수율이 약 70%에 육박해 OECD 1위이지만 대졸자 고용률은 OECD 37개국 중 33위~35위의 최하위

권에 머무르고 있습니다. 학력과 학벌이 인생을 책임져 주지 않는다는 것을 학부모 세대도 몸소 겪고 깨닫고 있을 겁니다. 특히 1980년대에 태어난 학부모의 경우 자녀교육에 있어 학업 성취만큼이나 창의력과 인성 등을 중시한다고 하니(〈1980년대 생 초등학교 학부모의 특성〉, 경기도교육연구원, 2020), 이들이 내신 등급이 아닌 새로운 길을 모색할 수 있도록 앞으로 교사들이 더욱 관심을 가져야 할 것입니다.

모두가 몰려들어 경쟁이 치열한 시뻘건 레드오션과, 당장은 잘 보이지 않지만 유망하고 시원한 블루오션. 자녀를 어떤 바다에서 헤엄치게 할 건지 학부모에게 물어보세요. 무려 3억 대 1의 경쟁률을 뚫고 태어난 아이들입니다. 힘을 가진 존재들입니다. 내신 9등급도 부모와 교사가 합심하면 교실 밖 더 넓은 세상에선 1등급이 될 수 있다고 믿습니다.

행복의 문 하나가 닫히면 다른 문들이 열린다. 그러나 우리는 대개 닫힌 문을 멍하니 바라보다가 우리를 향해 열린 문들을 보지 못한다.
— 헬렌 켈러 —

자녀를 혼내야 할 때

————

자녀를 혼냈더니 더 엇나가더라는 하소연을 많이 듣습니다. 참고 참다 딱 한 번 뭐라 했더니 이후로는 부모와 눈도 마주치질 않는답니다. 섣불리 혼을 낼 수도, 내내 모른 척할 수도 없으니 부모로서 환장할 노릇입니다.

저는 이런 학부모들에게 평소에 딱 세 마디만 연결해서 연습하시라 권합니다.

1. 네가 ~~하니까,
2. 내 마음이 ~~해.
3. 왜냐면 난 ~~하거든.

도저히 훈육과는 거리가 먼 말들 같지요? 그러나 아이들 입장에선 "야!" "정말 언제까지 이럴래?!" "계속 버릇없이 굴 거야?!" 같은 말보다 훨씬 잘 이해되는 말입니다. 속된 말로 잘 먹힌다는 뜻이죠. 예를 늘어 보겠습니다.

아이가 연락도 없이 늦게 들어왔다고 합시다. 부모는 걱정과 분노에 휩싸여 있습니다. 이럴 때 어떻게 아이를 야단쳐야 할까요?

고래고래 소리를 지르며 "어딜 싸돌아다니다 이제야 들어오는 거야?!"라고 내지르면 오히려 역효과가 날 수 있습니다. 앞서 제안드린 세 마디를 연결하면 부모의 격노한 마음이 훨씬 효과적으로 전달됩니다.

1. 네가 연락도 없이 늦게 들어오니까,
2. 엄마 마음이 몹시 불안하고 두려웠어.
3. 왜냐면 엄마는 너에게 나쁜 일이 생기지 않기를 바라거든.

또 아이의 무례한 말투나 행동 때문에 화가 났다면 "어른 앞에서 그게 무슨 말버릇이야?!"라고 소리 지르는 대신 다음과 같이 말하면 좋습니다.

1. 네가 엄마한테 툭하면 "됐거든!" "빠쳐!"라고 하니까,
2. 엄마 마음이 몹시 괴롭고 힘들다.
3. 왜냐면 엄마가 어른으로서 존경받지 못하고 있다는 느낌이 들거든.

아이의 잘못된 행동을 일방적으로 지적하는 것보다 부모의 힘든 심정을 표현해 주는 것이 더 효과적입니다. 그러면 아

이들의 마음에도 감정의 울림이 생깁니다. 아이 앞에서 감정을 표현하는 것이 어른답지 못하다고 생각할 수도 있습니다. 그러나 아이들은 어른들보다 자기중심적입니다. 상대방이 솔직하게 표현하지 않고 에둘러 말하면 이해하지 못합니다. 머리보다 마음이 먼저 통해야 공감하고 이해합니다.

평소 어른이 자신의 감정을 진심을 담아 표현하면 아이들도 따라서 보고 배우게 됩니다. 그러면 인생에서 겪게 될 수많은 위기상황과 갈등을 보다 수월하게 헤쳐 나갈 수 있습니다. 부모가 자식에게 "야! 너 이 자식 진짜 혼나 볼래?!"라고 하면 아이도 친구들과 갈등이 있을 때 똑같이 내뱉을 겁니다.

물론 분노가 극에 달한 상태에서 담담하게 자신의 감정을 표현한다는 것은 쉬운 일이 아닙니다. 부모도 인간이니까요. 그래도 이왕 마음먹었을 때 확실한 효과를 얻으려면 건조하게 사실을 설명하고 담담하게 감정을 전달할 줄 알아야 합니다. 평소에 연습해 두면 훨씬 쉽습니다. 학부모들에게 기회가 될 때마다 이 세 마디를 가르쳐 주세요. 적극적으로 배우려는 분이 계시면 서로 민망해도 그 자리에서 소리 내서 연습시켜 주세요. 확실히 각인되어야 위급상황에서 제대로 써먹을 수 있습니다.

아버님, '사랑의 매'도 불법입니다

친권자의 자녀 체벌 근거로 작용했던 민법 제915조 '징계권' 조항이 63년 만에 삭제됐지만, 여전히 자녀에게 폭력을 행사하는 부모가 많습니다. 초록우산어린이재단이 지난 4월 19일에 공개한, 초등학교 4학년~고등학교 2학년 자녀와 학부모 600명(300가구)을 대상으로 실시한 설문조사에 따르면, 아동의 80%와 부모의 66.7%는 부모가 자녀를 체벌하는 것이 위법에 해당한다는 사실을 여전히 모르고 있었던 것으로 나타났습니다. 또한 부모의 60.7%는 "징계권 삭제에도 불구하고 여전히 체벌이 필요하다"고 응답했다고 합니다. (〈민법 제915조 징계권 조항 삭제 D+100 인식 조사〉, 초록우산어린이재단, 2021)

2010년에 서울시교육청 등이 학생 체벌 전면 금지 방침을 처음 시행했을 때 교사들 역시 의견이 분분했습니다. 교권 침해를 우려하는 목소리가 높았던 것으로 기억합니다. 그러나 교사에게 반항하거나 수업을 방해하는 등의 교권 침해 현상은 학생들의 우울증이 쌓였다가 폭발하는 경우가 대부분입니다. 극심한 우울에 빠져 있는데 교사가 툭 치면 대뜸 "×발"하며 대드는 것이죠. 체벌을 한다고 학생들의 우울증이 개선될까요? 교사에게 폭력적으로 구는 학생들은 교사뿐 아니라 친구나 부모와의 관계에서도 폭력을 경험했을 가능성이 높습니다. 특히 욱하는 성질을 못 이기는 부모 밑에서 폭력적인 언사를 당하며 자랐다면 더욱 그럴 수밖에 없겠지요.

고등학교 2학년이었던 ○○는 체격이 건장하고 축구를 좋아하는 아이였습니다. 그런데 눈이 늘 빨갛게 충혈되어 있고 교사에게 싸우듯 따지는 모습을 자주 보였습니다. 어머니의 말씀을 들어 보니 ○○ 아버지가 성적을 이유로 골프채로 아이를 때린다고 합니다. 자신이 일류대학을 나오지 못해 직장에서 정당한 대우를 받지 못한다며 아들이 제대로 살려면 좋은 대학에 가야 한다고 믿고 있다고 합니다.

때리는 것을 '사랑의 매'라고 생각하는 아버지를 어떻게 하면 좋을까 곰곰 생각하다가 어머니를 통해 《부모와 십대 사이》라는 책을 보내 드렸습니다. 혼란과 격동의 시기에 이른 십대의 마음을 이해하는 방법, 아이에게 모욕감을 주지 않고 훈육하는 방법, 무엇보다 청소년 자녀 양육에 지친 부모의 마음을 세심하게 헤아려 주는 책입니다. 동 저자의 《교사와 학생 사이》는 제가 교사 생활 내내 지습서처럼 읽었던 책이기도 합니다.

> 앞일을 예단하지 말자. 부모가 관심을 가지고 십대 아이를 도
> 울 수 있는 가장 좋은 방법은, 믿음을 가지고 서서 기다리는 것
> 이다.
> ─《부모와 십대 사이》p.52 ─

뜻밖의 선물에 부담을 느끼셨는지, 아버지의 출퇴근 길엔 늘 책이 함께했고 결국 체벌을 멈췄다고 합니다. 아이의 눈도 이내 충혈이 사라지고 편안해 보이기 시작했습니다. 물론 체벌을 멈췄을 뿐 욱하는 성격이 갑자기 사라질리는 없습니다. 이후로도 아이의 아버지는 본인의 성에 차지 않을 때마다 아이를 윽박지르거나 학교에 찾아와 "애 버르장머리를 고쳐야 하니" 자퇴하게 해 달라는 요청을 하기도 했습니다.

영원할 것 같던 ○○ 아버지의 욱하는 언사는 뜻밖의 사건으로 큰 깨달음을 얻으며 완전히 끝이 났습니다. ○○는 재수 끝에 교원 양성 대학교의 체육교육과에 합격했습니다. 뛸 듯이 기뻐하며 축하 전화를 드렸더니 상담드릴 것이 있다고 합니다. 아이가 신입생 오리엔테이션에 다녀오더니 자퇴하겠다며 삼수 준비를 시작했다는 겁니다. 이유는 2학년 선배들의 구타와 기합.

폭력과 체벌이 우리 사회에서 사라져야 하는 이유, 아직도 더 설명해야 할까요? 학생을 체벌하는 학부모가 있다면 체벌은 결코 훈육이 될 수 없으며 깊은 트라우마를 남길 뿐이라고

반드시 알려 줘야 합니다. 60.7%의 학부모가 여전히 체벌이 필요하다고 응답했다는 사실은 많은 아이들이 자라면서 부모로 인해 트라우마를 겪게 될 수도 있다는 것을 시사합니다.

가정폭력 상담을 전문으로 하는 '서울 여성의 전화'에 연락하여 자문을 요청하니 폭력의 학습성에 대해 이야기해 줍니다.

> "아직은 어리고 힘이 없어서 맞고 있지만 어른이 되고 힘이 있다고 생각하는 순간이 오면 순식간에 가해자로 변합니다. 자신에게 일상적인 폭력을 행했던 상대뿐 아니라 주변에 폭력을 행사하는 사람이 되기 십상이지요."

학부모가 바뀌지 않으면 학생은 변하지 않습니다. 부담스러워도 교사들이 학부모 교육에 힘써야 하는 이유입니다.

학부모 마음 돌보기

아이들의 돌봄과 치유를 화두로 살아왔더니 학부모들의 돌봄과 치유에도 자연스레 관심을 갖게 되었습니다. 부모가 가진 마음의 상처는 아이들에게 고스란히 전해질 수밖에 없기 때문입니다. 언젠가 제 어머니가 이런 말씀을 하시더군요.

> *"인생에는 세 번의 사춘기가 있단다. 십대에 한 번, 사춘기를 맞은 자식들이 낯선 모습을 보일 때 한 번, 그리고 자식들이 모두 출가하여 혼자 남을 때 한 번."*

살다 보니 참으로 기가 막히게 들어맞는 말씀입니다. 사춘기에는 몸과 마음에 큰 변화를 겪게 됩니다. 중년에 이른 학부모들은 갱년기 등으로 힘든 와중에 청소년 자녀와의 갈등까지 겹쳐 만만치 않은 시기를 보내고 있습니다. 즉, 두 번째 사춘기를 맞은 것이죠. 부모와 자녀가 동시에 사춘기를 통과하고 있으니 어찌 보면 세 번의 사춘기 중 가장 힘든 시기일 수도 있겠습니다.

저는 아이들에게 부모님도 너희들처럼 극심한 사춘기를 겪고 계실 수 있다, 너희는 힘들 때 부모님한테 투정이라도 부리지만 부모님은 풀 곳이 없어 몹시 힘드실 거다, 가끔 부모님과 말이 안 통해 속상하더라도 부모님에게 사춘기가 와서 그런가 보다, 하면서 참고 넘어가 주라고 이야기합니다.

<오늘의 종례신문>

우리는 사오정 가족

송샘: 중국 가서 유학 중인 ○○랑 함께 여행이나 하면 좋겠다.

송샘 딸: 우와, 아빠 중국여행 간다고? 부럽다!

송샘 어머니: 돈 쓸 생각 그만하고 아껴서 집이나 좀 늘려라!

송샘 와이프: 어머님은 우리가 무슨 돈을 막 쓴다고 그러세요?

어제 저녁에 중국에 유학 간 조카가 보고 싶어 한마디 했더니 식구들 각자 사오정 같은 소리를 해댑니다. 사람들은 누구나 자기만의 생각에 빠져 삽니다. 부모님도 할머니도 마찬가지죠. 대화가 잘 통하지 않는다며 짜증 내지 말고 가끔은 부모님을 이해하려 노력해 보세요. 학급문고로 비치된 《부모와 십대 사이》나 《다시 태어나는 중년》을 대출하여 가족과 함께 읽는 것도 좋은 방법입니다.

사춘기 아이들이 사춘기 부모를 이해한다는 것은 물론 불

가능에 가깝습니다. 부모와 자식이 겪는 열 번 중 한 번의 불화라도 조기진화될 수 있게 하려는 노력의 일환입니다.

부부 사이에 큰 문제가 있거나 이혼 등으로 인한 한부모 가정의 아이가 있다면, 담임교사로서 불가피하게 가정사에 개입해야 하는 경우도 생깁니다. 물론 배우자와의 관계를 개선했으면 좋겠다든지 하는 말은 절대 금물입니다. 그 부분은 교사의 영역이 아닙니다. 저는 오로지 아이의 발달에 도움을 주고 싶으니 부모님도 거들어 주십사 애원할 뿐입니다.

이혼 후 아이와 연락을 거의 끊고 사는 어머니가 있었습니다. 아이와 같이 산다는 아버지도 연락이 되질 않고 아이의 문제는 점점 커져 지푸라기라도 잡는 심정으로 어머니에게 문자메시지를 보냈습니다. 답신이 없어도 며칠 간격으로 계속 보냈습니다.

> ○○이가 고등학교 입학 후 좀 힘들어 보입니다.

> 아버님과 연락이 안 되어 안타깝습니다.

> 중간고사 성적이 입학 때보다 2.4% 향상되었습니다!

> 전화 한 통 부탁드립니다.

> ○○이가 체육대회에서 큰 활약을 했습니다!

아이의 긍정적인 변화에 초점을 맞추고 아무리 사소한 일이라도 문자 메시지로 알렸습니다. 한 달 만에 드디어 답신을 주시더군요. 학교에 한 번 나오시겠다고요.

이혼으로 인한 홧병으로 혼자서 절절매던 중 제 연락을 받고 아이와 오랜만에 전화로 대화를 나눴다고 합니다. 아이는 초등학교 5학년 때 부모의 이혼을 겪은 이후 오랫동안 기분부전증에 시달리고 있었습니다. 제게 전해 들은 학교생활 이야기를 물었더니 아이가 좋아하며 많은 이야기를 해 주더랍니다.

어머니에게 《용서가 있는 삶》(딕 티비츠 지음)이라는 책을 한 권 선물해 드렸습니다. 용서를 베풀고 인생을 최상의 방법으로 살아 갈 수 있는 실용적인 단계들을 제시하는 책입니다. 치유를 위해 김현수 교수도 소개해 드렸습니다. 다행히 어머니에 대해 여전히 호감을 갖고 있던 아이는 조금씩 변화된 모습을 보여 주었습니다.

> 선생님, 감사합니다. ○○이가 좋아지고 있어 너무 기쁩니다. 이제 일주일에 두 번 정도는 ○○이랑 만나 시간 보내고 있습니다.

> 어머님이 잘 챙겨 주시니 안심이 됩니다. ○○이에게 목표가 생겼습니다. 엄마를 위해서 꼭 졸업하겠다고 하네요. 정말 고마운 일입니다.

요즘은 많이 달라지긴 했지만, 여전히 아이들의 어머니보다 아버지를 상대하는 게 교사로서 더 힘이 듭니다. 특히 진로 문제로 아이들과 팽팽하게 맞서는 아버지들이 많은데, 이 경우 감정적인 설득보다 진로적성 검사 결과 등 객관적인 자료와 정보를 건네면 더 효과적입니다. 또한 아버지들이 가진 마음의 상처는 교사나 자녀, 배우자의 위로보다는, 비슷한 상황을 이겨 낸 다른 아버지의 멘토링이 도움이 되는 경우가 많습니다. 앞서 이야기한, 볼펜을 손에 들고 자다 칭찬을 받고 컴퓨터공학자가 된 ○○의 아버지는 이후로 제 요청이 있을 때마다 만사 제치고 달려와 비슷한 어려움에 처한 다른 아버지들의 멘토가 되어 주었습니다. 1대 1 멘토링이 가장 좋지만 여의치 않다면 학교 주관으로 아버지교실을 운영하는 것도 좋은 방법입니다.

담임교사와 가족 이야기를 꺼리는 학부모들에게는 위클래스 상담을 연계해 줄 수도 있습니다. 학생뿐 아니라 자녀 문제로 고민하는 학부모들도 도움을 받을 수 있습니다. 상담 내용은 비밀로 보장된다는 점, 다른 학부모들도 도움을 받고 있다는 점을 강조하면 조금 더 쉽게 응할 수도 있습니다.

학부모님 안녕하십니까?
우리 학교는 학생들과 학부모님들의 정서적, 심리적 안정에 조금이나마 도움이 되고자 위클래스 상담을 시행하고 있습니다. 상

담이 필요한 학생과 학부모님께서는 많이 참여해 주시기 바랍
니다.

1. 기간 및 상담일시: 9월 1일(화)~11일(금), 09:30~15:00

2. 상담 대상: 우리 학교 재학생, 학부모

3. 상담 내용: 코로나19 스트레스 및 불안, 정신건강, 친구 관
   계, 성격, 학교폭력, 진로, 자녀교육 등 고민 및 정서 상담

4. 신청 방법: e-알리미 회신, 8월 31일(월) 12시까지

5. 운영 방법

   - 회신한 학생과 학부모에게 상담 교사가 전화하겠습니다.

   - 비밀보장되며 상담 시간은 최대 50분을 넘지 않겠습니다.

   - 상담 시 서로 존중하는 마음으로 이야기 나누시길 바랍니다.

결국 학부모의 마음도 소통을 해야 치유할 수 있습니다. 이
야기를 경청해 주는 것만으로도 큰 도움이 될 수 있습니다. 교
사가 했던 이야기들은 시간이 지나면 잊혀지지만 교사가 보여
준 태도나 분위기는 오래가는 법입니다. 섣부른 설교나 충고
를 하지 않도록 유의해야 합니다. 마음에 있는 말을 다 들어 드
리면 학부모 스스로 판단을 하시고 실천하는 경우가 더 많습니
다. 교사가 자신을 충분히 인정하고 있다고 생각되고 나서야
학부모는 "선생님, 제가 어떻게 해야 할까요?"라고 질문합니
다. 그때까지 기다릴 줄 알아야 합니다.

'학부모의 마음'이라고 우리 아이들의 마음과 많이 다를까

요? 공감하고 관심을 표현해 주면 그걸로 충분할 때가 많습니다. 아이들에게 써 먹었던 '미러링 기법(표정 따라하며 맞장구치기)'은 학부모에게도 잘 통합니다.

　"아이고, 얼마나 힘드셨어요!"

III

민원, 응급상황,
문제행동 발생 시 소통

화난 학부모 응대하기: 사과와 유보
학교로 당장 쫓아오겠다는 학부모
학교에 찾아와 항의하는 학부모
학부모에게 징계 소식을 전하는 방법
징계에 반발하는 학부모
체육 시간에 쓰러진 학생
부적응 학생과 학부모에게 스며들기
일탈 학생 부모에서 아버지교실 멘토로
학부모와의 짬짜미가 낳은 직업반의 전설

화난 학부모 응대하기:
사과와 유보

───────

화가 난 학부모를 대하는 것은 교직의 일상사입니다. 평소 소통이 원활하던 학부모라도 막상 자녀 문제로 마음을 다치면 공격적이고 예민한 모습으로 돌변할 수 있습니다.

화난 학부모를 대할 때 가장 먼저 명심해야 할 것은 그들의 '화'가 교사를 향한 게 아니라는 겁니다. 학부모의 화는, 아이에 대한 걱정, 부모로서의 자책감, 아이를 지키겠다는 의지, 학교에 대한 호소가 한데 뒤섞여 표출되는 감정입니다. 그러나 격무로 지칠 대로 지친 상태에서 학부모가 뿜어내는 화에 맞닥뜨리는 순간, 교사는 순식간에 불쾌한 분위기에 압도되어 상대가 나에게 화를 내고 있다고 느끼게 됩니다. 화에 낚이지 마세요. 낚이는 순간 교사와 학부모 모두에게 치유할 수 없는 상처가 생길 수 있습니다.

학부모의 화를 가라앉히기 위해서는 '사과'와 '유보'의 기술이 필요합니다. 상황이 어찌되었든 간에 먼저 "이런 일로 뵙게 되어 죄송한 마음입니다", "일이 그렇게 되어 진심으로 유감입니다"라고 시작하는 게 좋습니다. 사과가 문제를 해결할 수는 없습니다. 그러나 사과는 짧은 시간 안에 상대방의 태도 변화를 불러옵니다. 흥분이 가라앉아야 대화를 할 수 있고 내용을 파악할 수 있습니다. 무턱대고 사과부터 하고 유감 표명을 하는 게 자존심 상하는 일이라고 생각하시는 분들께 《훌륭한 교사는 무엇이 다른가》의 저자 토드 휘태커 교수의 이야기를 들려 드립니다.

> 자세한 상황이 어떠하든 교육자는 "일이 그렇게 되어서 죄송합니다"라고 학부모에게 말할 수 있어야 한다. 그리고 놀라운 것은 정말로 그 일이 그렇게 되어서 유감스럽다는 사실이다. 원인이 무엇이든 잔뜩 흥분한 학부모를 대할 때마다 나는 진심으로 일이 그렇게 된 것을 유감으로 생각한다.
>
> 그것이 나의 잘못이라거나 비난받아 마땅하다거나 비난을 온통 떠안겠다는 것이 아니라, 단지 일이 그렇게 되어서 유감이라고 말하는 것뿐이다. 부모가 공격적일수록 더더욱 그렇게 말한다. 그러고는 나 자신에게 속으로 이렇게 덧붙인다. '일이 그렇게 되어서 정말 유감이에요. 그 일만 없었다면 내가 이 바쁜 시간에 당신과 이러고 있을 필요는 없을 테니까요!'라고. 물론 이런 속마음을 상대방에게 들켜선 안 된다. 우리는 항상 전문가적인 태도를 유지해야 한다.   -《훌륭한 교사는 무엇이 다른가》 pp.135~136 -

사과가 불러올 부정적 파장을 염려하는 교사들이 많습니다. 미국에는 '아임 쏘리 법(法)'이라는 것이 있습니다. 의료사고 발생 시 의사가 환자 보호자에게 말한 '죄송하다' '유감이다'는 이 사고의 책임이 의사에게 있다는 근거로 쓰일 수 없음을 명시한 법입니다. 의사들은 책임을 져야 하는 일이 생길까봐 '죄송하다'는 말을 하지 않는 경향이 있습니다. 그러한 의사들의 태도로 환자와 의사의 갈등이 증폭되고 그로 인해 의료소송이 극심해지자 이를 막기 위해 나온 법이라고 합니다. 사과 한마디가 소송을 막을 수 있다는 뜻입니다. 마음을 진정시키는 데 사과보다 강력하고 효과적인 도구는 없습니다.

화가 난 학부모를 대할 때 사과만큼이나 중요한 도구는 '유보(defer action)'의 기술입니다. 흥분을 가라앉히기 위해서는 시간이 필요합니다. 당장 쫓아오겠다는 분이 계시면 지금 회의 중이다, 끝나는 대로 바로 연락드리겠다, 화장실이니 잠시 후 연락 달라, 연수 중이라 문자 메시지를 이제야 봤다, 마음이 급하신데 죄송해서 어쩌냐 등의 핑계를 대며 시간을 끌어야 합니다. 그사이 학부모의 주변상황에 변화가 생기고 그로 인해 흥분은 조금이라도 누그러집니다. 물론 무작정 미루며 책임을 회피하는 느낌을 줬다가는 상황이 악화될 수 있습니다. 교사 역시 대단히 걱정스러운 마음이 들고, 당장 해결해 드리지 못해 애가 탄다는 느낌을 전달해야 합니다.

결국 행동 유보를 위해 사소할지라도 이런저런 거짓말을 해야 할 겁니다. 마음이 불편할 수 있지만 상황 개선을 위한 불가피한 선택입니다. 존스홉킨스 의과대학에서 40년 넘게 치매를 연구해온 피터 라빈스 교수는 《치매 일문일답》이라는 책에서 환자를 진정시키기 위한 거짓말의 필요성에 대해 이야기합니다. 치매 환자가 갑자기 배우자의 바람을 의심하며 난동을 부릴 경우의 대처법입니다.

추측하건대 당신은 치매 환자인 아내에게 나는 절대 바람을 피운 적이 없다고 말했을 것입니다. 만약 그런 말을 해 보지 않았다면 한두 번 정도 그렇게 해 보는 것이 합리적입니다. 그럼 그런 말이 아무런 도움이 안 된다는 것을 확인할 수 있을 겁니다. 차라리 아내에게 "이젠 바람피우던 것을 정리했다"고 말하는 게 나을 겁니다. 아내는 또한 주변에 당신이 바람을 피웠다고 비난하고 다닐 겁니다. 그들에게 아내를 도와달라고 말하세요. 아내에게 그 문제에 대해 남편에게 물어봐 주겠다고, 어떻게 된 일인지 알아보겠다고, 그 문제로 얼마나 상심이 크냐고 맞장구를 쳐 달라고 부탁하십시오. 이런 식으로 대응해서 아내가 비난을 멈추고 진정될 수 있다면 그것이 최선의 길이 될 것입니다.

- 《치매 일문일답》 pp.170~171 -

이를 전문용어로는 '치유적 거짓말(Therapeutic Fibbing)'이라고 합니다. 학부모를 치매 환자 취급하라는 말이 아닙니다.

상대가 본래의 모습을 회복할 수 있게 도우라는 이야기입니다. 상대방의 안정을 위해 치유적 거짓말 목록을 만들어 놓으면 좋습니다. 필요할 때마다 꺼내 쓰세요.

‣ 세상에, 그런 일이 있었군요!
‣ 듣고 보니 일리 있는 말씀이십니다.
‣ 회의 중입니다. 끝나는 대로 연락드리겠습니다!
‣ 연수 참석 중이라 메시지를 이제야 확인했습니다.

자, 이제 사과와 유보의 기술을 이용해 화난 학부모를 진정시킨 실제 사례를 소개해 보겠습니다.

학교로 당장 쫓아오겠다는 학부모

한 아이가 시험 종료 시각이 지났는데 답안지에 마킹을 못했나 봅니다. 감독교사는 원칙대로 추가 시간을 주지 않고 답안지를 거두어 갔습니다. 집에 간 아이는 울고불며 남은 시험까지 포기할 기색이었고 당황한 어머니가 담임인 저에게 전화를 주셨습니다.

> "아이고, 우리 ○○랑 어머님 모두 화가 많이 나셨겠습니다. 공부 열심히 했는데 얼마나 억울할까요. 충분히 이해합니다."

일단 마음을 다독이기 위해 공감을 표했습니다. 사실 아이의 잘못이기 때문에 속은 상해도 억울할 일까진 아니지만 그렇게 위로해 드렸습니다. 그러나 아이가 시험지를 집에까지 가지고 간 상황이기 때문에 현재 시험 문제지에 표시된 답의 공정성, 객관성이 훼손된 상황이라 재고할 수 없지 않겠느냐며 설득 후 전화를 끊었습니다.

하지만 한 시간가량 뒤에 이번엔 어머니보다 몇 배는 격노한 어투로 아버지가 전화를 주셨습니다. 상황을 전해 들으신 겁니다. "시험시간이 종료되었어도 아이 시험지에 표시되어 있는 답은 옳길 시간을 주어야 하는 것 아니냐?"며 재고를 요청한다고 하십니다.

"많이 놀라셨죠. 듣고 보니 ○○랑 부모님 입장에서는 충분히 그렇게 생각하실 수도 있겠네요. 어쨌든 시험 시간관리 요령을 제가 좀 더 잘 가르쳤어야 했는데 죄송합니다."

일단 사과를 드렸습니다. 부모의 요구가 황당하고 교사로서 잘못한 일도 없지만 화를 진정시키기 위해 필요한 사과였습니다. 아버지의 화에 공감을 표하며 수첩을 꺼내 들고 말씀의 요지를 하나하나 적어가며 되묻기도 하면서 대화를 해 나갔습니다. 하지만 결론은 아까 어머니에게 드린 내용과 똑같이 말씀드릴 수밖에 없었습니다.

화가 누그러지는 듯했지만 재고는 불가능하다는 결론에 아버지는 교감 교장을 찾아가 '선처'를 호소해 보겠다고 합니다. 흥분이 다시금 고조되더니 지금 당장 찾아뵙겠다고 합니다. 학교는 교장, 교감 어느 한 사람에 의해 움직이는 것이 아니라 규정에 따라 움직이는 조직이라 오셔도 결론이 달라지진 않을 거라고 이야기했지만, 도통 수긍을 안 합니다. 사과가 통하지 않으니 다음 단계인 유보의 기술을 꺼내 들었습니다.

"그렇다면 제가 먼저 교무부장님과 상의해 보고 잠시 뒤에 전화를 드리겠습니다."

전화를 끊고 저는 무엇을 했을까요? 교무부장님을 찾아갔을까요? 저는 그냥 수행평가 입력하던 것을 마저 했습니다. 굳이 서두를 필요 없습니다. 필요한 것은 학부모가 객관적 판단을 하실 수 있도록 흥분을 가라앉힐 시간뿐이기 때문입니다. 수행평가 입력을 모두 끝내고 교무실에 가 보니 '마침' 교무부장님이 안 계십니다.

"교무부장님이 식사 중이신가 봅니다. 오시면 바로 말씀 전하고 연락드리겠습니다. 네? 회의 중? 저기, 아버님! 회의 중이라고 합니다. 시간이 좀 걸릴 수도 있겠네요. 회의 끝나는 대로 제게 전화 주십사 메모 남겨 놓겠습니다."

그리고 보니 '마침' 또 제가 자율연수에서 학급운영을 주제로 강의를 하러 가는 날입니다. 또 전화를 드렸습니다.

"아버님, 어쩌죠? 제가 조금 이따 외부 일정이 있어서요. 오늘은 못 뵐 수도 있겠습니다. 정말 죄송합니다."

강의 마치고 휴대폰을 보니 어머니가 문자 메시지를 남겨 놓으셨더군요. "심려를 끼쳐 죄송합니다. ○○ 아빠는 사업상

급한 일이 생겨 다시 나갔고요, 학교에는 찾아뵙지 않기로 했습니다."

"아까 ○○여고에 가서 교사 대상 강의 중이라 전화를 못 받았네요. 마음고생 많으셨습니다. 내일 시험 잘 준비시켜 주십시오. 저도 ○○에게 격려 문자 보낼게요!"

사과와 유보의 기술을 이용해 일단 급한 불은 껐습니다. 이제 상황에 대한 심층적 이해와 추가적인 조치를 고민해야 했습니다. 사실 ○○는 앞서 이야기한, 골프채로 아버지에게 체벌을 당하는 그 아이였습니다. 학기 초 어머니와의 상담을 통해 아버지의 욱하는 성격과 아이의 체벌 문제에 대해 알고 있었던 저는 이번 사건은 당장 시험점수 몇 점 깎인 게 문제가 아니라 다른 데 있다고 생각했습니다. 아이는 아버지의 욱하는 성격을 닮아 가고 있었습니다. 당시 상황을 조사해 보니 아이가 감독교사에게 옳고 그름을 따지며 심하게 대든 바람에 더욱 발등을 찍은 듯하였습니다. 또한 집에 돌아가서도 분을 이기지 못해 어머니 앞에서 심각한 난동을 부린 듯하였습니다.

아이는 성적이 떨어질 때마다 아버지에게 체벌을 당하고 있었습니다. 답안지 마킹을 못해 수십 점이 날아가 버린 상황에서 체벌이 두려웠던 아이는 이를 막아 보려고 감독교사에게 대들었고 집에 가서는 학교의 부당한 조치로 자신이 피해를 당했다며 부모에게 강력하게 호소했던 것입니다.

어머니에게 이런 생각을 말씀드렸더니 당신께서도 아이가 아버지의 분노조절장애를 닮아 가고 있는 듯하여 걱정된다고 하셨습니다. 아버지에게 《부모와 십대 사이》, 《열 받지 않고 십대 자녀와 싸우는 법》이라는 책을 권해 드렸습니다. 그리고 어머니에게 부탁드렸습니다. 아버지에게 이렇게 전달하고 위로해 주시라고요.

> *"통화하면서 보니 아버님이 논리적으로 말씀을 참 잘하시더군요. 우리 ○○도 평소 옳고그름에 대해 주관이 확실하고 자기 생각을 자주 어필하는데 아버님의 논리적인 면을 이어받았나봅니다."*

무엇보다 어머니에게 감사드렸습니다. 아이와 남편 사이에서 중심을 잃지 않으려 늘 노력하시고 가족 내 상황들을 솔직하게 담임에게 공유했기에 해결의 실마리가 하나둘 열려 가는 것이라고 격려해 드렸습니다. 실제로도 어머니가 상담 때 하신 말씀을 꼼꼼하게 기록해 둔 것이 이번 사건 진화에 큰 도움이 되었습니다. 또한 김현수 교수를 한번 찾아가길 권해 드렸습니다.

아이는 다음날 무사히 시험을 치렀습니다. 시험 끝나자 "으흑흑 오늘은 실수 안 했어여ㅋㅋ 이제부터 상황 판단을 그때그때 잘해야 할 듯ㅋㅋㅋ"라고 제게 문자를 보내 왔습니다. 중간고사 끝나고 단기방학 들어가기 전에 아이에게 학급문고 《욱하는 성질 죽이기》라는 책을 빌려주었습니다. 그리고 아이가 축구를 좋아하므로 학업으로부터 받는 스트레스를 운동으로 그때그때 풀어 가도록 격려하였습니다.

학교에 찾아와 항의하는 학부모

사과와 유보의 기술을 활용해 학부모가 학교에 오는 걸 막는데 성공했지만, 이에 실패하더라도 사과와 유보의 기술은 계속 발휘해야 합니다.

학교에까지 쫓아온 학부모가 계시면 우선 타인의 방해를 받지 않는 조용한 곳으로 모셔야 합니다. 여러 교사나 학생이 드나드는 교무실은 바람직하지 않습니다. 학교운영위원회의실 같이 조용하고 깨끗한 공간이 적당합니다.

바쁘신데 오시게 해서 죄송하다는 사과가 먼저입니다. 학교 측에서 먼저 부르지 않았어도 이렇게 말해야 합니다. 이때 보여 준 교사의 태도가 많은 것을 결정할 수 있습니다. 다른 교사나 학생, 업무들 때문에 방해를 받으면 학부모의 기분이 더 상할 수 있으니 주의하세요. 중간에 걸려 오는 휴대폰은 받지 않아야 합니다.

귀한 손님으로 대하며 따뜻한 차를 교사가 직접 내오는 게 좋습니다. 교감 신경을 자극하여 흥분을 유도하는 커피보다는 마음의 안정을 가져오는 허브차, 유자차, 생강차 등이 좋습니다. 차를 내오거나 교장, 교감 등 다른 교직원을 불러와야 할 때는 일부러 시간을 조금 더 두어 학부모가 아무도 없는 공간에서 혼자 생각할 수 있는 시간을 가질 수 있게 하세요. 계속 강조하는 유보의 기술입니다. 그사이 흥분이 사그라들어 이후의 대화가 수월해질 겁니다. 제 경우에는 혼자 계시는 동안 학급 멘토링 일지를 읽어 보시게 합니다. 아이들의 학교생활을 객관적으로 보실 수 있는 시간을 드리는 겁니다. 저는 치유가 필요한 꾸러기 학생에게 멘토링 일지 기록을 맡깁니다. 기록을 맡은 학생은 학교에 제안하여 봉사활동 40시간을 받을 수 있게 하였습니다.

자리 배치도 중요합니다. 마주 앉기보다 옆에 앉거나 둥글게 모여 앉는 방식을 추천합니다. 특히 한쪽에 학부모를 앉히고 맞은 편에 학교 관계자들이 줄줄이 앉는 방식은 반드시 피해야 합니다. 서로 편을 가르는 것처럼 느껴질 수 있습니다. 지금 이 방에 모인 사람은 아이를 위해 한배를 탄 아군이라는 느낌이 들도록 자리를 배치하세요.

화난 학부모에게는 사실을 자세히 설명하려 하기보다 우선 경청하고 공감해 주는 게 중요합니다. 학부모의 화가 사라져야 대화를 할 수 있습니다. 더 자세한 설명, 더 많은 정보, 더 논리적인 설득은 이 단계에서는 전혀 쓸모가 없습니다. 학부모의 이야기를 꼼꼼하게 노트하고 잘 못 알아들은 내용이 있으면 되묻습니다. 노트하는 동안 시간을 벌면 또 그사이 학부모의 감정도 조금 더 잦아듭니다. 대화가 너무 길어질 것 같으면 적절한 구실을 생각해 두고 시간에 한계가 있음을 중간중간 암시해 줍니다.

경청하고 공감하는 태도를 기본으로 하되, 사과와 유보의 기술을 적절히 이용해 보세요. 쓸 만한 문장 목록을 만들어 놓고 평소에 자주 연습하셔야 갑자기 닥쳐도 자연스럽게 쓰실 수 있습니다.

학부모에게 징계 소식을 전하는 방법

학부모에게 징계 혹은 학폭위 등 사안과 관련해 연락을 드려야만 할 때가 있습니다. 좋지 않은 소식이라 전하는 처지에서도 좀 곤혹스럽지요. 이럴 때는 어떻게 알리면 좋을까요?

단 하나의 포인트만 유념하시면 됩니다. 즉, 현 단계를 자세히 설명하기보다 다음 단계에서 일어날 수 있는 결과를 알려 드리는 것입니다. 교내 흡연 때문에 1차 적발되어 '학부모 통지'를 받게 되었다면 아이가 어느 장소에서 몇 월 몇 일 몇 시에 담배를 피우다 적발되었다고 소상히 전달하기보다, 다음과 같이 알리는 것이 좋습니다.

"○○ 어머니시죠? 담임교사입니다. 직장에서 일하고 계시는데 (혹은 바쁘실 텐데) 전화드려 송구스럽습니다. 다름이 아니라 오늘 ○○가 담배 피우다가 적발이 되었어요. 다행히 이번이 처음이라 학부모님께 알려 드리는 것으로 처분은 끝납니다. 하지만 2차로 적발이 되면 교내봉사 처분을 받게 됩니다. 이 교내봉사는 일종의 징계로 봉사활동 실적으로 인정도 받지 못합

니다. 규정상 교내봉사 처분을 받으면 학급이나 전교 임원에 입후보할 자격도 상실하게 되고요. 저도 잘 지도하겠으니 어머니께서도 그런 일이 일어나지 않도록 도와주세요."

만약에 2차 적발되어 교내봉사를 받아야 하는 경우라면 전화해서 어떻게 말해야 할까요? 마찬가지로 3차 적발에 따른 조치를 알리면 됩니다.

"○○ 어머니시죠? 담임교사입니다. 직장에서 일하고 계시는데 (혹은 바쁘실 텐데) 전화드려 송구스럽습니다. 다름이 아니라 오늘 ○○가 담배 피우다가 적발이 되었어요. 담배 끊기가 참 힘든 일이네요. 다행히 이번이 두 번째라 방과 후 교내봉사 10시간만 부여됩니다. 하지만 다음에 또 적발되면 사회봉사 시간이 부여되고 이 또한 징계에 따른 것으로 생활기록부에 봉사활동 실적으로 기록도 안 된답니다. 학급이나 전교 임원에 입후보할 자격도 상실하게 되고요. 저희도 지도하려 애쓰겠습니다. 가정에서도 그런 일이 일어나지 않도록 도와주세요."

만약 3차 적발되어 사회봉사를 받아야 하는 경우라면? 역시 마찬가지입니다. 다음에 적발되면 특별교육을 받게 됨을 '친절하게' 안내해 주세요.

징계에 반발하는 학부모

학생회 선거운동이 한창일 때 후보로 출마한 어느 학생이 담배를 소지한 게 발각되어 생활지도부 소선도위에 회부되었습니다. 학생회 간부가 되려고 무척 오랫동안 공을 들여 온 학생이라고 합니다.

3월 초에 이미 담배 등 흡연물품 소지만으로도 흡연으로 간주한다는 가정통신문을 보내 동의서도 받았고 모든 교실과 화장실 문에도 게시했습니다. 후보 학생은 학칙상 교내봉사 처분을 받았을 뿐만 아니라 학생회장단 입후보 자격도 박탈되었습니다.

하지만 학생의 부모는 병원에 가서 소변검사 결과 소견서를 제출하며 재심을 요구하였습니다. 절차대로 대선도위를 열었고 심의 결과 원안과 같이 교내봉사 처분을 받았습니다.

그러나 초유의 사태가 발생했습니다. 학부모가 재심을 받아들일 수 없다고 한 겁니다. 다음 단계를 찾아보니 교내 삼심제가 잘 구비되어 있었습니다. 학칙에 따르면 세 번째 심의는 전체 교직원회의에서 이뤄져야 하고, 과반수 출석에 과반수 찬성이 의결정족수라고 합니다.

전체 교직원회의를 앞둔 오전, 초유의 사태에 생활지도부에는 팽팽한 긴장감이 느껴졌습니다. 그런데 갑자기 교감 선생님이 부르시더니 학부모를 한 번 더 설득해 보라고 하십니다. 아무리 생각해도 아이에게 실익이 없을 듯하여 너무나 안타깝다는 의견을 주셨습니다. 중간에서 참 난감했지만 저 역시 교감 선생님 말씀에 공감했기에 용기를 내 어머니에게 전화를 드렸습니다.

"○○ 어머님, 마지막 심의를 위한 회의 준비는 다 마쳤습니다. 투표함과 투표용지도 다 준비되었고요. 그런데 어머님, 회의 결과를 예측할 수는 없습니다만, 솔직히 말씀드리면 걱정되는 점이 하나 있습니다. 제 교직 27년 동안 학생 징계 건으로 전체 교직원회의까지 개최하는 건 처음입니다. 아마 다른 선생님들도 마찬가지일 겁니다. 저나 생활지도부도 당황했지만 다른 선생님들도 회의에서 안건을 접하시면 다들 놀라실 것 같습니다. 사실 이번 ○○ 사안을 아는 선생님은 생활지도부와 2학년부 선생님 등 일부입니다. 그런데 전체 교직원회의가 열리면 모든 교사가 이 사안을 알게 될 것입니다. ○○ 반에 수업을 들어가는 선생님들도 다 아시게 될 텐데 그렇게 되었을 때 그분들이 ○○를 어떻게 보실까 걱정됩니다. 회의를 통해 결과가 달라질

수 있다면 감수할 만한 일이겠는데 그렇지 못하다면 우리 ○○
입장에서 무엇을 얻을 수 있을까 하는 거죠. 참 안타깝습니다."

깊은 침묵이 흘렀습니다. 어머니는 깊은 한숨을 내쉬었고
울고 계신 듯했습니다. 그리고 결국 전체 교직원 심의는 포기
하겠다고 답하셨습니다.

"어머님, 어른들도 실수하면 다음엔 더욱 잘하게 됩니다. ○○
정도의 그릇이라면 이번 사건을 통해 훨씬 멋지게 성장하리라
믿습니다."

이후 어머니는 때때로 저에게 아이의 진로를 상담하실 만
큼 저에 대한 믿음을 보여 주셨습니다. ○○도 저에 대한 원망
은커녕 이후 속 깊은 이야기를 나누는 관계로 발전했습니다.
자식 문제로 반발하는 학부모를 설득하기란 결코 쉽지 않습니
다. 그러나 학교와 교사가 늘 학생 편이라는 것, 학생의 성장은
학부모와 교사가 합심해야 가능하다는 것을 학부모에게 일깨
워 주면 대부분의 문제는 평화롭게 해결됩니다.

흡연 3차 적발로 강제 전학까지 가게 됐는데 오히려 제게
감사하다는 학생과 학부모도 있었습니다. 서울시교육청의 징
계조정위원회로 재심 신청이 가능하고 행정심판 청구노 가능
하다고 사전에 안내해 드린 덕분입니다. 학교 측이 아이를 '짜

르려고' 한 것은 아니라는 생각에 안심이 되었다고 합니다.

　징계 결과를 아이나 학부모에게 미리 예단하여 말하는 바람에 일이 커지는 경우를 많이 봤습니다. 어차피 이 학교는 우리 아이를 도울 마음이 없고 그저 빨리 사건을 마무리하려는 의지밖에 없는 것 같다는 생각이 드는 순간 학부모는 거세게 반발합니다. 공정하고 차분하게 절차를 밟으세요. 그리고 학교와 교사는 언제나 아이 편이라는 믿음을 보여 주세요. 학부모의 '마음'을 얻는 것이 가장 중요합니다.

체육시간에 쓰러진 학생

학교에서 모두가 안전하게 지내길 바라지만 사고는 항상 일어나게 마련입니다. 초등교사인 아내가 체육시간에 학생이 의식을 잃는 응급상황에 직면하여 제게 도움을 청한 적이 있는데, 이때 분초를 다퉈 가며 주고받은 카톡 내용을 바탕으로 다음과 같이 응급상황 시 대응 매뉴얼을 작성해 봤습니다. 학부모에게 언제 어떻게 알릴지에 대한 내용도 포함되어 있습니다. 언제 일어날지 모르는 일이니 반드시 숙지해 두시기 바랍니다. 더 구체적인 대응 방안은 학교별로 다를 수 있으니 보건교사와 긴밀히 협조하여 처리하도록 합니다.

체육시간, 아이들과 운동장에서 발야구를 하던 중이었는데 자기 차례를 기다리며 서 있던 아이가 갑자기 머리가 아프다고 하더니 의식을 잃고 쓰러졌습니다. 교사는 눈앞이 캄캄해질 수밖에 없지요.

1. 119에 전화

먼저 119에 연락하여 증상과 상황을 설명하세요. 만약 구급차가 신속하게 닿을 수 있는 지역이 아니라면, 그리고 이동용 구급침대가 필요한 경우가 아니라면 즉시 이용 가능한 일반 차량에 싣고 비상등을 켠 후 가까운 병원으로 이송할 수도 있습니다. 차량에는 가능하면 담임교사나 보건교사가 동승합니다.

2. 학부모에게 알리기

119를 부른 후 학부모에게 연락하여 상황을 설명합니다. 의식을 잃거나 호흡 곤란이 왔거나 다량의 출혈이 있는 등의 위급상황이 아니라면 학부모에게 먼저 연락을 취해 환자를 인계하고 병원으로 이송하도록 합니다. 학부모와 연락이 닿지 않거나 신속하게 올 수 없는 상황이라면 담임교사나 보건교사가 병원으로 후송합니다. 병원 선택은 학부모의 의견에 따르는 게 좋습니다.

이런 응급상황을 대비해 반드시 학부모 등 보호자 2인 이상의 전화번호를 교사의 휴대전화에 저장해 두어야 하며, 학부모에게도 교사의 개인 휴대폰 번호나 교원안심번호를 저장해 두시도록 학기 초에 안내해야 합니다. 모르는 번호로 걸려온 전화는 받지 않는 사람이 많기 때문입니다. 아내의 경우 직장에 다니는 아이의 어머니가 전화를 받지 못했지만 다행히 아버지의 연락처도 저장되어 있어 신속하게 연락이 닿았습니다. 위기 상황 시 얼마나 신속하게 학부모에게 연락을 취했는지는 추후 책임 소재를 가리는 데도 중요합니다.

급하다고 무조건 빨리 오시라고 하기보다 놀란 학부모를 안정시키고 사고 경위를 설명하세요. 학부모가 병원에 올 때까지 교사는 병원에서 대기합니다.

3. 치료 등 수습 결과 공유

병원에서 치료나 수술이 끝나면 그 결과를 교장 선생님에게 꼭 보고하세요. 사고를 목격해서 불안해하는 아이들과 이를 전해 듣고 걱정하는 다른 학부모에게도 결과를 가능한 빨리 소식을 전하세요. 제대로 된 정보가 제공되지 않으면 순식간에 헛소문이 퍼져 학교 구성원 모두가 불안에 떨게 됩니다. 소식을 알릴 때는 교감 선생님 등으로 창구를 단일화하는 게 좋습니다. 학부모들 전화도 교감 선생님이 받아서 직접 대답해 드려야 불필요한 오해나 헛소문이 퍼지지 않습니다.

4. 사고 경위서 작성

　사고 경위는 나중에 보상 문제나 민원 등이 있을 때 중요한 판단 근거가 되니, 최대한 객관적이고 정확하게 정리해야 합니다. 따라서 교장·교감·보건교사가 함께 협의해서 오해의 소지가 없도록 단어 하나하나에 신경을 써서 정리하세요. 정리된 내용은 교장 선생님께 말씀드려 결재를 받고, 결재할 시간이 없으면 우선 구두 결재라도 받아 두는 게 좋습니다.

5. 학교안전공제회에 사고 접수

　치료비 등 비용이 발생할 수도 있으니 학교안전공제회에 사고 접수를 합니다. 하지만 이것은 시각을 다투는 문제는 아니니, 나중에 상황이 정리되는 대로 차분하게 문안을 작성해서 접수해도 됩니다. 안전공제회에서는 학교장 결재 없이 방과 후에 진행된 행사에 대해서는 보상을 하지 않는다고 합니다. 방과 후 학급 대항 축구 시합, 주말 자전거 모임 등의 학급 활동을 계획할 경우 아이들과 교사의 안전을 위해 꼭 사전에 내부 결재를 받으시길 권합니다. 저는 결재 없이 행사를 열었다가 보상을 받지 못한 적이 있습니다. 학부모가 이해해 주셔서 다행이었으나 참으로 아찔한 순간이었습니다.

다행히 아내의 초등학생은 빈혈로 인해 쓰러진 것이고 체육활동과는 아무런 관계가 없다고 합니다. 청소년기 여학생들의 경우 빈혈로 쓰러지는 경우를 꽤 자주 보게 되지만 그럴 때마다 병원에 이송하고 학부모에게 연락을 취하고 의사의 진단이 내려지는 그 몇 시간이 몇 년처럼 느껴질 만큼 힘든 경험입니다. 평소 빈혈이 심한 학생은 없는지 미리 조사해 보고 신경 쓰시길 바랍니다.

부적응 학생과 학부모에게 스며들기

생활지도부장 시절, 교감 선생님의 요청으로 고도 위기 학생의 지도를 맡은 적이 있습니다. 학교에서 온갖 문제로 교사들 입에 오르내리던 아이였습니다. 어머니가 안 계시고 할머니의 보살핌을 받던 아이였는데 할머니마저 지병으로 돌아가시자 극도의 우울을 겪는 듯 보였습니다.

새 학년 첫날, 아이는 담임의 사소한 지적에 "에이 ×발, 담임 잘못 만났네!"라고 내뱉더니 교실을 뛰쳐나갔습니다. 그리고 곧장 교감실에 찾아가 담임을 바꿔 달라고 요구하더랍니다. 교감 선생님이 어이없어하니 "교감이 그런 것도 못해?"라며 화를 냈고요.

아이는 지독한 외로움에 휩싸여 세상 모든 것에 화풀이를 해대는 듯했습니다. 아이에게 친구를 만들어 주기로, 저 또한 기꺼이 친구가 되어 주기로 했습니다. 학교에서 복지예산을 받아 '호연지기'라는 동아리를 만들었습니다. 학교생활 및 학업 부적응 학생들을 모아 다양한 야외활동을 통해 심신을 단련하고 스트레스를 해소시키고 자존감을 향상시키고 즐거운 학교 생활을 할 수 있도록 돕는 동아리입니다. 거창하게 설명했지만 그저 아이들 옆에 있어 주는 게 이 동아리의 목표입니다. 매주 CA 시간에 아이들을 데리고 학교에서 가까운 남양주와 양평으로 나가 트래킹, 하이킹, 사진 찍기 등의 활동을 했습니다.

그리고 무엇보다 아이에게 무심해 보이는, 하지만 아내와 어머니를 떠나보내고 아이만큼이나 외로움에 쩔쩔매고 있을 아이의 아버지와 소통을 시도했습니다. 그저 아이의 일상을 공유하며 천천히 다가갔을 뿐인데 아이도 아버지도 조금씩 변화된 모습을 보여 주더군요. 담임에게 욕하던 아이가 진심으로 감사의 마음을 표현하는 사람이 되었습니다. 아래는 아이의 아버지와 1년간 주고받은 카톡 대화 내용입니다. 아이와 학부모의 삶에 서서히 스며드는 코칭으로 변화를 이끌어 낼 수 있었습니다.

> 천호중 생활지도부장 송형호입니다. 십대 자녀와 소통하는 건 여간 힘겨운 일이 아닙니다. 카톡으로 정보를 나누어요!

> 천호중 달력 보내 드립니다.
> 아이와 대화 소재로 활용해 보세요!

> 예, 감사합니다.

좋은 계절입니다. 오늘 산행했습니다. 날씨 좋을 때 ○○이와 함께 와야겠어요.

예, ○○이 잘 부탁드립니다.

영어 시간에 열심히 공부 중인 ○○이의 모습입니다.
VIDEO ▷

ㅎㅎ 감사합니다.

제가 학부모님들께 강의한 영상입니다.
https://youtu.be/Ta8C2dKI8L4

버럭 화내지 않고 아빠의 감정을 잘 전달하는 기술, 아이의 행동을 변화시키는 방법을 담으려 노력했습니다. 조회수가 벌써 3만을 넘는 걸 보면 공감하시는 학부모님들이 꽤 계시나 봅니다.

ㅎㅎ 감사합니다.

어른들끼리 짬짜미하면 애들은 정말 순식간에 변하더라는 게 교직 35년 경험이에요. 파이팅해요. ♡

옙 알겠습니다.

○○이와 비슷한 환경에 있던 아이가 어려움을 극복한 사례입니다.
http://cafe.naver.com/ket2/5613

아이 아버님이 건축일을 하셔서 가업을 잇도록 동기 부여한 게 아이나 아버님께 도움이 되었습니다. 원하시면 이 아버님과 상담하실 수 있게 연결해 드리겠습니다.^^

아이도 건강한 청년이 되어 곧 군대 말년 휴가 나온답니다. 시간이 맞으면 ○○이와 멘토링을 진행해 볼까 합니다.

예, 감사합니다.

"어. 우리 아들이 변했네!"라고 하루 한 번만 하시면 애들은 변해요. 아빠는 아이들의 하늘이라서요.

ㅎㅎ 알겠습니다.

출석 체크 하다 보니 ○○이가 이번 주 결석이 하루도 없더군요. 아이들과 손뼉을 쳐 줬습니다. 아이들과 소통하는 말투가 점점 누그러집니다. 정상적인 방식으로도 친구들의 호감을 살 수 있다는 걸 느껴 가고 있는 듯합니다. 이번 주말 ○○이가 가장 좋아하는 음식으로 외식시켜 주셨으면.

"이번 주에 결석 한 번도 없었다며? 고맙다!"라는 말씀도 부탁드려요. 아버님 협조 고맙습니다.

예, 항상 감사합니다.

https://youtu.be/P77C-kdjkFU
어제 동아리 활동으로 아차산 다녀왔어요. 미래에 필수적인 잘 노는 기술을 나눴습니다. 4월에 사진 찍는 기술 몇 가지 알려 주었더니 풍경 사진을 제법 근사하게들 찍었네요~!

어쩌면 ○○이가 학교에 적응하지 못하는 것은 돌아가신 할머니에 대한 애도가 아직 충분하지 않기 때문일지도 모른다는 생각이 듭니다.

네, 알겠습니다.

http://cafe.naver.com/ket21/6706
어려움을 겪는 아이를 위해 학부모님 간에 멘토링을 한 사례입니다.

○○이 운동 신경이 참 좋네요. 아이들과 밥을 먹고 놀아 주려고 굽은다리역 명일탁구장에 왔습니다. 수십 년 만에 탁구채를 잡았습니다. 근데 제가 놀아 주는 건지 애들이 저와 놀아 주는 건지 구별이 안 됩니다. "지독한 외로움에 쩔쩔매는" 아이의 곁에 그냥 함께 있어 주려고 합니다.

항상 감사합니다.

○○이가 처음으로 공부에 관심을 보이네요. 중요한 전환점입니다.

https://youtu.be/U82HsFFS6IU
오늘 ○○이네 반 영어연극 수업입니다. ○○이가 총연출! 올해 1학년이 워낙 운동에너지가 넘쳐 역동적인 수업이 기대됩니다. 신체 학습자들에게 일방적 설명 위주의 수업은 고통 그 자체입니다.

○○이의 기여를 다음과 같이 생활기록부에 기록했습니다.

"3과 본문 연극에서 등장인물의 역할을 내용과 분위기를 잘 이해하고 수행하였을 뿐 아니라 연극 동영상을 인터넷에 공개해 동료들의 영어 학습에 대한 흥미와 자신감을 높이는 데 이바지함."

항상 감사합니다.

오늘 체육대회 ○○이네 반이 준우승했어요! ○○이 날아다니네요. 가운데 노란 유니폼이 ○○입니다. 1등 못 해 아쉬운 듯^^

1등과 차이가 많이 벌어졌군요!

○○이가 오늘 온종일 친구들과 '함께' 있었고 중요한 역할을 했습니다. 소속감과 자존감이 우울감을 이겨 낼 검증된 특효약입니다. 아버님과 제가 협력하니 슬슬 변화가 시작됩니다.

예, 항상 감사합니다.

○○이가 오늘 수업에는 정말 차분하게 최선을 다하는군요. 주로 자기 이야기만 하더니 오늘은 친구들에게 다리 안 아프냐고 묻기도 하고 신청곡도 받아 틀어 주고 연극 대본 읽기 수업도 집중해서 이끌어 갑니다.

수업 끝나고 나가면서 제게 "샘. 고맙습니다"라는 이유를 알지 못할 인사를 합니다. 코끝이 찡합니다. 인정받고 싶어 그동안 먼 길을 돌아왔나 봅니다. 아빠의 관심이 아이를 부쩍 성장시키네요.

고맙습니다.♡

지독한 외로움에 쩔쩔매는 아이들에게는 그저 가까이에서 함께 있어 주는 것만으로도 큰 힘이 됩니다. 영어 동요 〈빙고(Bingo)〉를 개사하여 노래를 만들어 봤습니다. 학부모들에게 전수해 주세요.

<슬퍼하지마 송> (괄호 안은 동작)

외-로워 우는 애 (우는 시늉)

놀-아 주고- (쎄쎄쎄)

먹-이-고- (손으로 먹는 시늉)

역-할 주고- (주세요 손짓)

꿈- 키워- (턱 아래 양손)

행복한 시민 (머리 위 하트)

일탈 학생 부모에서 아버지교실 멘토로

2011년 생활지도부장을 할 때입니다. 고1 학생 ○○는 입학 직후부터 무단결석과 무단조퇴를 일삼고 툭하면 친구들을 모아 이런저런 일탈행위를 하는 아이였습니다. 중2 때 어머니가 돌아가셨는데 슬픔을 제대로 치유하지 못해 지속적으로 학교 부적응의 어려움을 겪는 듯 보였습니다.

다행히 아버지가 아이에게 관심이 많은 분이었습니다. 아이의 일탈에 당황하고 힘들어하면서도 그때마다 어떻게 하면 개선할 수 있을지 저에게 수시로 전화로 상담을 요청하셨습니다. 아이를 관찰하며 적극적으로 상담해 드렸지만 아이는 좀처럼 나아질 기미가 보이지 않았습니다.

한 학기가 지나고 가을쯤, 문득 졸업생 △△가 떠올랐습니다. 고2 때 학급에서 39명 중 38등을 하던 학생으로, 지독한 ADHD를 겪었으나 아버지의 관심과 인내, 그리고 지속적인 치료로 ADHD를 극복한 아이입니다. 고3 때부터 놀랍도록 열심히 공부하여 1년 재수 후 서울의 모 대학 컴퓨터공학과에 전액 장학금을 받고 입학하였습니다. 졸업 이후로도 계속 연락을 주고받았는데 벌써 4학년이 되었고 이제 박사학위까지 받으려고 준비 중이라고 합니다.

○○의 아버지와 △△이의 아버지가 겹쳐 보였습니다. 자식에게 헌신적이고 담임의 짬짜미 제안에 늘 적극적으로 응하는 분들이었습니다. 그래서 토요일을 이용해 아버지교실을 열고 두 분을 한자리에 모셨습니다. 아버지들 간 1대1 멘토링이 시작되었습니다.

사전에 저를 통해 서로에 대한 이야기를 몇 차례씩 접했던 터라, 첫 만남부터 어색하지 않아 보였습니다. 덕분에 두 분 모두 마음을 열고 솔직한 대화를 나눌 수 있었습니다. 특히 △△이의 아버지는 아이의 어린 시절은 물론 아이와 닮은 자신의 어린 시절까지 가감 없이 드러내며 가족의 힘들었던 치유 여정을 설명해 주셨습니다. 당시 단어조차 낯설었던 ADHD에 대해 공부하며 아이에 대한 좌절과 분노를 극복하고 울타리가 되어 준 이야기, 담임인 저와 함께 아이의 장점에 주목하며 자존감 향상을 위해 노력한 이야기 등이 진솔하고 흥미롭게 펼쳐졌습니다. 사실 △△이는 앞서 이야기한 수업시간에 볼펜 들고 잔다는 이유로 저와 친구들에게 박수를 받은 바로 그 아이입니다. 이후 아이의 변화가 조금씩 시작되었고 이때다 싶어 저와 아버지가 적극적인 짬짜미 작전을 펼쳤었죠.

"제가 원래 산만했습니다. 부모님 말씀도 안 듣고 공부도 안 하고 선생님께 맨날 맞는 아이였습니다. 시골에서 활발하게 자라서 그저 애들은 다 그런 줄 알았습니다. 송 선생님 말씀을 듣고 ADHD에 대해 공부하고 나니 아이의 성향이 유전일 수도 있겠다는 생각이 들더군요. … 아이의 ADHD 치료는 시작부터 쉽지 않았습니다. 왜 나를 정신병자 취급하느냐는 아이를 설득하는 데 많은 시간을 들여야 했습니다. 정신병원에 가는 게 아니라 상담을 받으러 가는 거다, 너는 착한 아이고 큰 문제가 없어 보이는데 왜 어린 시절부터 자꾸 이런 행동을 하는지 너 스스로도 모르고 나도 모르지 않냐, 그래서 그 부분에 대해 공부를 많이 한 전문가에게 물어보자는 거다, 라며 논리적으로 설득을 했습니다."

아침 10시에 시작된 아버지교실은 정오가 훌쩍 넘어서야 끝났습니다. 셋이서 학교 앞 백반집에서 막걸리를 반주로 점심을 마치고 못내 아쉬워 막걸리 세 통을 사서 비 내린 용마산에 들어가 한 잔을 추가하였습니다.

멘토링 이후 더욱 힘을 낸 ○○ 아버지는 저와 매일 카톡을 주고받으며 더욱 적극적으로 아이를 돌봤습니다. 아버지의 관심과 지지에 ○○도 조금씩 변해 갔고 고3 때 다행히 직업반에 들어갔습니다. 그간의 근태상황으로 보아 직업반을 도저히 갈 수 없었지만, 아이가 고3 올라가던 해에 직업반 정원을 대폭

확대해 주어 가능했나 봅니다. 직업반에 가서 목표가 생겼는지 배관기능사 국가기술자격증을 취득하더군요. 저는 아버님께 특별용돈을 주시도록 부탁드렸고 아이에게 합격 수기를 써 달라고 요청해 60명 면목고 교직원에게 떠들썩하게 자랑했습니다. 만날 때마다 축하해 주시라고요.

이어 아이는 보일러기능사 필기까지 합격했고 모두 네 개의 자격증을 땄다고 페이스북에 올렸습니다. 한 해에 네 개를 따는 경우는 제 교직 30년에 처음 보는 일입니다. 기쁨에 넘쳐 두 분 아버님께 연락을 드려 재회하였습니다. 양수역에서 만나 운길산역까지 북한강철교를 시원한 강바람을 맞으며 함께 건넜지요.

자전거 카페에 들러 몸을 잠시 녹인 다음 조안면 슬로시티 문화관에 들러 이제 좀 느리게 살아가자고 약속했습니다. 견학을 마치고 실내포장마차를 찾아 미나리전과 장터국수에 막걸리를 나누었습니다.

○○는 아직 졸업도 안 했는데 국립재활원 용역업체에 취업이 되어 1월 2일부터 다니고 있답니다. △△이는 대학원에서 박사학위를 밟고 있답니다. 우리는 무엇이 두 아이가 어려움을 딛고 일어설 수 있게 하였나 이야기를 나누었습니다. 역시 아이에 대한 좌절과 분노를 극복하고 울타리 되어 주기, 자녀의 장점에 주목해 주기, 자존감을 향상시키는 기술이 주효했다고

결론을 내렸습니다. 앞으로도 우리 세 남자는 자주 만나게 될 것 같습니다. 교직을 통해 평생 친구를 얻었네요.

학부모와의 짬짜미가 낳은 직업반의 전설

앞서 이야기한 ○○가 직업반에 가서 네 개의 자격증을 내리 취득하기까지 ○○의 아버지와 저는 아이 뒤에서 끊임없이 짬짜미를 도모했습니다. ○○의 아버지가 건축업을 하신다는 걸 알고, 직업반에 들어간 아이에게 관련 자격증을 취득하도록 권유했습니다. 가업을 잇는다는 확실한 목표 의식을 갖게 하기 위해서였습니다.

직업반에 가서도 아이의 일탈이 이어져 아버지는 힘들어했지만 계속해서 아이의 장점을 전달하며 지지를 부탁드렸습니다. 다음은 ○○가 학교폭력 가해자가 되어 학교의 징계 절차를 밟던 와중에, 배관기능사 자격증 필기시험에 합격했다는 연락을 받고 아이의 아버지와 나눈 통화 녹취록입니다.

아버님, 요즘 ○○가 좀 열심히 사나 봐요?

좀 하는 것 같기는 한데 자세히는 모르겠어요.

실기까지 붙고 나면 아버님이 그쪽으로
아르바이트를 좀 시켜 보시는 게 어떨까요?

연결되는 데가 있으면 해 보죠.

아버님이 그쪽 분야에 계시니까, 배관이 건축에는 꼭
들어가야 하잖아요. 그리고 또 ○○가 보면 리더십이
있어요. 배관 사장님으로 잘 키워 보시면 어떨까...

공부하고 있으니까 적성이 맞으면 하겠죠, 뭐.

네. ○○ 주변에는 늘 애들이 들끓어요. 그러니까
이것이 ○○의 리더십이거든요. 어쨌든 기능사 따서
대학도 **대학 같은 데 보낼 수 있거든요. 얘는 큰
회사 차릴 수 있는 재목이에요, 제가 볼 때는.

아이고, 선생님께서 우리 ○○를 굉장히
좋게 봐 주셨네요. 고맙습니다.

○○는 제가 오랫동안 봐 왔잖아요.

네, 알죠.

등직한 구석이 있어요. 참, 그것보다 더 중요한 얘기, 일단 필기 붙었잖아요?

네.

아버님이 특별용돈 주셔야 하는데?

그럴까요? 학생 중에서는 자기만 붙은 것 같다며 좋아하더라고요.

맞아요! 이럴 때 아버님의 특별 보너스가 들어가야 해요. 오늘 송 선생님이 전화했더라, 아빠 기분이 좋다, 자! 특별용돈, 친구들한테 써라! 하면서 좀 뿌리셔야 해요.

알겠습니다. 기분도 좋은데 그렇게 하죠.

그래요. 아버님이랑 저랑 해야 할 일이 뭐냐 하면 ○○를 배관 쪽에 큰 사장으로 만드는 거예요. 충분하잖아요, 제가 볼 때 ○○는 그 자격이 충분해요.

그래야죠. 자기가 공부를 계속하고자 하면 언제든지 내가 돈이 없더라도 빚을 내서라도 받쳐 주겠다고 항상 이야기하거든요. 한다고 하면야 뭐든지 내가 다 해 주죠.

기능사, 지금 자기 혼자 붙었잖아요? 그러니까 지금 공부에 재미가 붙은 거예요. 이때 막 연료를 공급해 줘야죠. 이때 막 크게 팍팍 쏘는 거죠. 그러면 나중에 100만 원, 1,000만 원 쓰는 것보다 이때 한 10만 원 빵 때리는 것이 효과 백배예요.

네, 알겠습니다.

우리 막걸리 한잔해야죠. 한 6월은 돼야 제가 정신 좀 차릴 것 같아요.

그래요. 언제 시간 될 때 한번 뵙죠. 막걸리도 하고 이야기 나눠야죠.

네, 들어가세요.

감사합니다.

이후 연이어 자격증을 취득한 아이는 무사히 학교생활을 마무리했을 뿐 아니라, 후배들 사이에 전설로 통하며 훌륭한 사례를 남겨 주었습니다. 멘토링을 받은 아버지의 아이가 이젠 후배들의 멘토가 된 것입니다.

위 녹취록은 ○○의 학교폭력 사안이 진행되던 중에 아버지와 통화한 내용입니다. 사격증 시험 합격이라는 특수한 상황이라 칭찬과 격려를 해줬지만, 학교폭력 가해자로서의 아이와 부모는 그와 별도로 적법한 절차와 징계를 엄격히 따르도록 했습니다. 연예인 등 수많은 유명인이 과거의 학폭 사건으로 순식간에 나락으로 떨어지는 경우를 자주 봅니다. 교육자로서 아이의 노력과 실력은 인정하고 격려하되, 아이의 미래를 위해 폭력에 대해서도 단호하고 전문적으로 다뤄야 합니다. 다음에서 학교폭력 발생 시 학부모 상담에 대해 이야기해 보겠습니다.

IV

학교폭력 발생 시 소통

학폭 상담 매뉴얼(1): 피해 학생 부모
학폭 상담 매뉴얼(2): 가해 학생 부모
절차에 대한 명징한 안내의 중요성
상호 폭행 사건 학부모와 상담 사례
가해 학생 부모와 상담 사례

피해 학생 부모 상담 매뉴얼

학부모 상담 중 가장 어려운 상담이 학교폭력 관련 상담인 것 같습니다. 생활지도부장을 맡다가 병가까지 쓴 적이 있는데 과중한 학교폭력 업무 때문이었습니다. 학폭에 대한 인식과 제도의 미비 등 여러 어려움이 있었지만 특히 가해자 부모와 피해자 부모 사이에서 24시간 줄타기를 하던 상황은 지금 생각해도 가슴이 조여 옵니다. (학폭위 등이 끝나서 가해자와 피해자가 확정되기까지는 '가해자'와 '피해자'라는 표현에 신중을 기해야 합니다.) 학교폭력은 매우 예민한 사안이라 한번 터지면 학생과 학부모는 물론 관련된 교사들도 큰 상처를 입을 수 있습니다. 미리 공부하고 대비하시길 바랍니다.

먼저 자녀가 학폭 피해를 입은 부모와의 상담에 대해 이야기하겠습니다. 상담 순서대로 정리해 봤습니다.

1. 공감하고 위로하기

　가장 중요한 것은 격앙된 학부모의 감정을 수용하고 아이에 대한 진심 어린 걱정을 전하는 것입니다. 성의껏 위로해 드려야 진정하실 수 있고 그래야 충분한 이야기를 들을 수 있습니다. 피해 사실에 대한 객관적 인지를 위해서 꼭 필요한 단계입니다.

> *"얼마나 놀라셨나요. 정말 속상하실 것 같습니다. 저도 소식 듣고 걱정이 되어 일이 손에 안 잡히네요. 교사로서 예방하지 못한 점에 대해 사과 말씀 드립니다. ○○이 상태는 좀 어떤가요?"*

　이때 학부모가 무슨 이야기를 하든 경청해야 합니다. 중간중간 미러링 기법을 활용하여 정서적 지지와 공감을 표해 주세요. 맞장구만 칠 게 아니라 교사로서 진심 어린 사과와 유감도 전해야 합니다.

2. 피해 사실 인지하기

　학부모의 격한 감정이 잦아들면 피해 사실에 대해 천천히 이야기할 수 있도록 유도합니다.

"아이의 피해 사실을 언제, 어떻게 알게 되셨나요? / 아이가 누구에게, 얼마나 긴 시간 동안, 어떤 일을 당했다고 이야기하던 가요? / 혹시 주변에 이 사실을 목격한 친구가 있을까요?"

학부모의 진술은 반드시 메모하고 잘 이해되지 않는 부분이 있다면 되묻습니다. 일단은 경청하고 사실관계는 추후에 파악합니다. "그 부분은 양쪽 이야기를 다 들어 봐야 할 것 같네요"와 같은 중립적 뉘앙스는 이 단계에서는 지양해야 합니다. 피해자 입장에서 매우 서운하고 억울하게 느낄 수 있습니다. 학교와 교사가 피해 학생의 편이 아니라고 느끼는 순간 학부모는 마음과 입을 닫게 됩니다.

3. 피해 학생과 부모가 원하는 것을 묻기

피해 학생과 부모가 어떤 식의 해결을 원하는지에 따라 학폭 사건은 학내에서 비교적 평화적으로 종결될 수도, 외부 기관의 법적 절차를 밟게 될 수도 있습니다. 피해자가 원하는 방향을 가능한 명확하게 파악해 두는 게 좋습니다.

"지금 가장 원하시는 게 어떤 건가요? ○○이가 무엇을 원하는지 혹시 이야기를 나눠 보셨나요?"

피해자 측은 사건 발생 초반엔 그저 가해 학생에 대한 엄벌

만이 자녀를 보호하는 최선이라고 생각할 수 있습니다. 혹은 아이가 진정 원하는 것을 부모가 미처 파악하지 못하고 있을 수도 있습니다. 아직 생각이 정리되지 않은 상태라면 아이에게 가장 좋은 방향이 무엇인지 차차 논의해 보자고 제안하면 됩니다.

4. 이후의 절차 설명하기

앞으로 진행될 과정을 설명합니다. 만약 학교폭력대책자치위원회(학폭위)에 이 일이 회부되면 어떤 식으로 어떤 절차를 밟게 될지 알려 줍니다.

> *"만약 학폭위에 이 일이 회부되면 ~~ 절차를 밟게 됩니다. 실제 어떤 일이 일어났는지와 그로 인해 ○○이가 어떤 어려움을 겪었는지를 객관적으로 조사하여 그에 맞는 조치를 취하게 될 것입니다."*

학폭위까지는 가지 않는 게 좋다는 식으로 섣불리 설득하려 해서는 안 됩니다. 학교가 사건을 은폐하고 축소한다는 의심을 받을 수 있습니다. 교칙에 따라 처리될 테니 그저 지켜볼 생각이라는 식의 무책임한 발언도 해선 안 됩니다. 학부모가 먼저 해결 방안에 대한 조언을 요청할 경우 일단 학폭위를 통해 아이가 얻을 수 있는 게 무엇인지 냉정하게 따져 보자고, 문제가 잘 해결될 수 있는 방향으로 함께 고민해 보자고 말하세요.

5. 학생 보호에 최선을 다할 것임을 약속하기

피해 학생과 부모가 불안하지 않도록, 문제 해결을 위해 학교가 최선을 다할 것임을 강조합니다. 매일 지도하고 지켜볼 테니 걱정하지 마시라고 말해 줍니다.

> *"현재 가장 중요한 것은 ○○이가 안전하게 학교생활을 하는 것이며, 심리적인 충격을 극복하고 다시 학교에 잘 적응하는 것이라고 생각합니다. 학교에서도 노력하겠습니다."*

피해 학생의 상처가 몹시 심하여 어려움을 겪고 있다면 전문가의 도움을 받는 것도 권장할 만합니다. 학교 안에는 위클래스, 교육지원청에는 위센터가 있으니 담임교사나 상담 교사를 통해 도움을 받을 수 있도록 합니다.

6. 자녀에 대한 지지와 격려 당부하기

자녀를 위하는 마음에, 자녀를 보호하겠다는 생각에 지나치게 감정적으로 대응하는 학부모들이 있습니다. 이런 태도는 당연히 학교폭력 문제 해결에 도움이 되지 않습니다. 가해자

비난과 처벌에 집착하기보다 자녀의 치유에 집중해 달라고 당부하세요.

"○○이가 학교폭력을 자신의 탓이라고 자책하지 않도록 격려해 주시고, 어떤 해결을 원하는지 경청하고 파악해 주시길 부탁드립니다."

이때 아이의 마음을 풀어준답시고, 혹은 아이에게 어떤 낙인이 찍힐까 두려워 상대방 아이에 대해 근거 없는 비난을 늘어놓거나 퍼뜨리면 이 말이 돌고 돌아 상황을 더욱 악화시킬 수도 있습니다. "가정환경이 안 좋고 성적도 바닥이고 일진에 사고를 친 게 한두 번이 아니라더라" 식의 말은 아이 앞에서든 누구 앞에서든 자제할 것을 당부하세요. 이런 때일수록 부모가 어른다운 모습을 보이고 믿음을 주어야 아이도 도움이 필요할 때 언제든 부모와 교사에게 도움을 청할 수 있습니다.

교사로서 학폭 피해자와 부모에게 줄 수 있는 가장 큰 도움은 공감과 위로입니다. 아이의 교사로서 이번 사건에 대해 누구보다 심각하고 가슴 아프게 받아들이고 있으며 잘 해결될 수 있도록 끝까지 함께하겠다는 다짐으로 신뢰를 형성해야 합니다. 피해 학생과 부모의 신뢰를 얻어야 평화로운 해결이 가능하다는 점을 명심하기 바랍니다.

가해 학생 부모 상담 매뉴얼

가해 학생의 부모 상담은 피해 학생의 부모 상담과 비슷한 점이 많습니다. 가장 중요한 것은 역시 놀라고 당황했을 부모의 심정에 공감하고 위로하는 것입니다. 평소 자녀 문제로 고군분투하던 분들이 많을 겁니다. 적절한 위로로 마음을 연 후에 사실에 대해 이야기할 수 있도록 유도합니다.

학교폭력의 특성상 가해자와 피해자를 정확히 가르기 힘든 경우가 많습니다. 학폭위 등이 끝나서 가해 학생, 피해 학생이 확정되기 전까지는 섣불리 '가해자'라는 표현을 쓰지 않도록 해야 합니다. 처음이 중요합니다. 학교가 학생의 처벌보다 '치유와 성장'을 목표로 하고 있음을 명확하게 전달해야 합니다.

1. 공감하고 위로하기

놀란 학부모의 감성을 수용하고 성의껏 위로해 주세요. 학생의 신체적·심리적 상태에 대해 묻고 걱정을 표해야 합니다.

또한 이런 일이 발생한 데 대해 교사로서 진심으로 사과를 드리는 것이 좋습니다.

> *"많이 놀라셨지요. 조금만 더 신중했으면 좋았을 텐데 안타깝습니다. 교사로서 올바르게 지도하지 못해 죄송한 마음입니다. ○○이 상태는 어떤가요?"*

가해 학생의 부모는 자녀가 추후 큰 타격을 입게 될까 봐, 혹은 '그 부모에 그 아이'라는 비난을 받을까 봐 매우 위축되거나 극도의 경계심을 품고 있을 수 있습니다. 교사가 피해자뿐 아니라 가해 학생에 대해서도 걱정하고 있음을 보여 줘야 원만하게 대화를 이끌어 갈 수 있습니다.

2. 상대방의 피해 상황 알려 주기

학부모의 마음이 어느 정도 가라앉으면 상대 학생의 피해 정도를 알려 줘야 합니다. 많이 다친 것 같더라, 충격이 꽤 커 보이더라 같은 말보다는, 병원의 진단 결과 등 객관적인 정보를 제대로 파악하여 제공해야 합니다.

> *"병원 진단 결과, △△의 신체적인 피해는 ~~이고, 정신적인 피해는 ~~라고 합니다. 추후 ~~ 치료가 필요하다고 합니다."*

이렇게 객관적 사실 위주로 피해 상황을 전달하면 교사가 피해 학생만을 일방적으로 걱정하고 두둔하고 있다는 느낌을 피할 수 있습니다. 또한 가해 학생 측에서도 피해 학생의 피해 정도를 더 진지하게 받아들일 수 있습니다.

3. 이후의 절차 설명하기

앞으로 진행될 과정을 설명합니다. 만약 학폭위에 이 일이 회부되면 어떤 식으로 어떤 절차를 밟게 될지 알려 줍니다.

> "만약 학폭위에 이 일이 회부되면 ~~ 절차를 밟게 됩니다. 실제 어떤 일이 일어났는지와 그 과정에서 ○○이가 어떤 행동을 했는지 객관적으로 조사하여 그에 맞는 조치를 취하게 될 것입니다."

이때 처리 과정만을 설명하고 절대로 징계 결과를 미리 예단하여 말해서는 안 됩니다. "아마도 ○○이는 강전(강제 전학) 처분을 받게 될 겁니다"라고 말했다가 실제로 학폭위에서 강전 처분이 내려진 경우, 학부모는 학교가 애초부터 결과를 정해 놓고 우리 아이를 처벌하려 들었다며 불복하고 재심을 청구할 수 있습니다. 아무리 학폭위 결과가 뻔히 예견되어도 이런 빌미를 제공해서는 안 됩니다.

4. 궁극적 지도 방향 설명하기

가해 학생의 부모는 무조건 처벌을 피하거나 최소한의 처벌을 받는 데에만 집중할 수 있습니다. 부모의 이런 태도는 가해 학생에게도 좋지 않은 영향을 줄 수 있습니다. 당장 징계를 면하는 것보다 장기적으로 어떤 방향이 자녀의 남은 학교생활과 미래에 도움이 될지, 당장은 아프더라도 이번 일을 성장의 기회로 삼으려면 어떤 노력이 필요한지 아군의 입장에서 잘 설명해야 합니다.

> *"가장 중요한 것은 ○○이와 △△가 심리적인 충격을 잘 극복하고 다시 학교생활에 잘 적응하는 것입니다. 그러기 위해서는 어머님 아버님이 한 발짝 뒤로 물러서서 무엇이 궁극적으로 우리 아이들에게 도움이 될지 어른의 입장에서 생각해 보시는 게 좋겠습니다."*

5. 진심 어린 사과의 중요성 인지 시키기

가해 학생 부모의 잘못된 사과로 인해 피해자들은 또 다른 상처를 입기도 합니다. 진심 어린 사과로도 모자랄 판에, "어떤 요구도 다 들어 드릴 테니 학폭위까지 가지 않게만 해 주세요"라거나 "우리 애 처벌받지 않게 제발 용서해 주세요"와 같이 피해자가 입은 상처보다 내 자녀가 받을 징계를 염려하여 피해자들의 부아를 돋는 경우가 많습니다. 처음부터 다음과 같이 사과하도록 도와주세요.

"정말 잘못했습니다. 피해자의 회복을 위한 것이라면 어떤 벌 이든 달게 받겠습니다."

"우리 애 처벌받지 않게 용서해 주세요"보다 백 배 나은 사과이지요? 피해자의 자존심을 회복시키고 부모의 분노를 가라앉힐 수 있습니다. "그 부모도 속 어지간히 썩겠어. 자식이 원수라더니 밉기는 하지만 측은해 보이더라"는 말이 피해 부모에게 나올 때가 있습니다. 이러면 훈훈한 화해가 이루어지기도 합니다. 피해 부모의 분노가 가라앉으면 이후 훨씬 원만하고 평화적인 수순을 밟을 수 있습니다.

피해 부모 상담에서와 마찬가지로 가해 학생 부모에게도 괜한 말이 돌지 않도록 주의를 당부하도록 합니다. 자녀의 마음을 달래 준다고, 혹은 부모에게 올 비난이 두려워 "한부모 가정이고 애가 워낙 찌질해서 애들이 다 싫어한다더라. 사회성도 전혀 없어서 중학교에서도 왕따를 당했다더라…"와 같은 말을 내뱉는 순간, 이는 틀림없이 돌고 돌아 또 한 번의 상처를 남기고 문제를 악화시킵니다. 힘든 순간일수록 부모가 어른다운 모습을 보일 수 있도록 교사가 도와줘야 합니다.

가해자의 부모든 피해자의 부모든 사과와 용서 사이에서 수많은 갈등에 휩싸이게 됩니다. 쉽지 않겠지만 교사가 중심을 잘 잡아야 합니다. 저는 힘들 때마다 영화 대사 "뭣이 중헌디?!"를 읊조립니다. 고려해야 할 많은 요소가 있겠지만 교육자로서 우선 아이들에게 초점을 맞추십시오. 가해 학생이든 피해 학생이든 이번 기회가 아이들의 치유와 성장에 최대한 도움이 되는 방향으로 학부모들을 설득하고 이끌어 갈 수 있다면 그보다 좋은 해결 방법은 없을 겁니다.

절차에 대한 명징한 안내의 중요성

학폭 상담 매뉴얼 중 특히 '이후의 절차 설명하기'에 대해 부연 설명을 하고자 합니다. 어떤 절차에 따라 어떤 결과가 나올지 모르는 상황에서 가해자의 부모든 피해자의 부모든 불안한 마음을 품을 수밖에 없습니다. 처음부터 충분한 정보를 주지 않고 학교가 일방적으로 처리한다는 느낌이 드는 순간 학부모는 학교에 대한 불신을 품게 되고 교사의 중재는 힘을 잃습니다.

따라서 학부모에게 가능한 모든 절차와 과정을 명징하게 안내할 필요가 있습니다. 학폭위 결과에 불복하여 재심을 청구할 수 있고, 그래도 부족하면 행정소송이나 민사소송도 가능하다고 초반부터 안내해 줘야 합니다.

> "학교에서 어떤 조치를 내리느냐는 학폭위에서 결정합니다. 저 역시 학폭위원이긴 합니다만, 지금으로선 어떤 결과가 나올지 알 수 없습니다. 학폭위의 처분 결과가 합당하지 않다고 생각하실 경우 재심, 행정심판, 민사소송도 진행하실 수 있습니다. 저는 어떤 경우든 부모님 입장에서 돕겠습니다."

물론 이러한 세부적인 안내로 인해 학교폭력 담당 교사나 담임교사가 추가적인 일 폭탄을 맞을 위험도 있습니다. 가능하면 일 폭탄은 피하고 싶은 게 인지상정이지요. 그러나 학부모 입장에서는 저렇게까지 처음부터 투명하게 보여 주니 한번 믿고 맡겨 보자고 생각할 것입니다. 그리고 학교가 그저 기계적으로 사안을 쳐 내려는 게 아니라 내 자녀를 위해 최선을 다하고 있다는 믿음이 쌓이면 나중엔 재심을 청구하고 싶어도 포기하게 됩니다. 교사의 노고를 생각하니 미안해서 더는 못하겠다는 학부모를 실제로 여럿 경험했습니다.

초반에 믿음을 주는 것이 중요합니다. 학폭 사안으로 처음 대면하게 될 경우, 그간 쌓인 해당 학생 관련 자료, 즉 담임이나 과목 교사의 기록, 학급일지, 정서행동발달검사 결과지 등을 검토하시게 하면 교사의 의견이 즉흥적이거나 감정적이지 않다고 여기게 됩니다. 이에 더해 학폭 사안 처리에 대한 신뢰까지 구축되면 큰 무리 없이 사안을 마무리할 수 있습니다. 학폭 담당 선생님들의 노고에 무한한 경의를 표합니다.

상호 폭행 사건 학부모와 상담 사례

우리 학교 학생들과 다른 학교 학생들이 함께 연루된 폭력 사건이 발생했습니다. 두 학교 모두 학폭위를 열어야 하는 상황이었습니다. 관련된 학생들 모두 폭력으로 피해를 입은 가운데 학생들의 진술이 엇갈려 학교와 학부모 모두 많은 어려움을 겪었습니다.

사안 발생 초기부터 보호자 특별교육 완료까지 두 달간 학부모와 카톡으로 주고받은 내용을 정리했습니다.

> ○○이 어머니, 면목고 생활지도부장 송형호입니다. 안타까운 일을 접하시게 된 점 위로 말씀 올립니다. 사안 처리에 최선을 다해 이번 일을 계기로 아이들이 성장하게 되기를 간절히 기원합니다.

> 교육부의 학교폭력 지침에 담긴 양식을 메일로 보내 드렸습니다. 내려받으셔서 작성하신 후 ******@sen.go.kr 메일로 보내 주시면 업무 처리에 많은 도움이 되겠습니다.

아이가 퇴원해 등교하면 틈틈이 시간을 내어 상담하겠습니다. 날씨가 차갑습니다. 하지만 비 온 뒤에 땅이 굳듯이 이번 일을 계기로 반드시 더욱 화목한 가정이 되리라 믿고 최선을 다하겠습니다.

현직 판사님의 해설입니다. http://cafe.naver.com/ket2/3700
[학교폭력 해설] 싸움(상호 폭행) 사건의 경우 누가 가해자이고 피해자인가?

서류 작성 중 궁금한 점 있으시면 문자나 전화 주세요. 수업 중에는 휴대폰을 비행기 모드로 해 두어 받지를 못합니다. ○○이에게도 안부 전해 주시고 빠른 쾌유를 기원합니다.

네, 알겠습니다. 감사합니다, 선생님.

어머님, 보내 주신 서류 이제 다 보았습니다. 엄청나게 수고가 많으셨군요. 저쪽 학교 생활지도부장께 서류 모두 참고하시라고 보냈습니다. 그쪽은 월요일에 학폭위가 열린다고 하네요. 이번 일을 계기로 따돌림이라는 오랜 악연을 끊고 모두 성장하게 되기를 기원합니다.

이번 사안과 관련된 모든 아이에게 집단상담을 준비하려고 해요. 면목동 지역의 돌봄 네트워크 도움을 받아서요. 괜찮겠지요?

검찰에 넘어가자마자 탄원서가 효과를 발휘하거든요. 그 선생님 찾아 ○○이가 중학교 때 왕따 경험이 있었다는 탄원서를 미리 준비해 두실 필요가 있어서요.

우선 카페에 올린 탄원서 3종부터 보시고요. http://cafe.naver.com/ket긔/45긔

저쪽 학교 △△가 특별교육과 출석정지 5일 중징계 받았다네요.

예, 알겠습니다, 그렇게 되었군요. 제가 또 다른 업을 쌓았나 봅니다. 정말 마음이 아프네요. 저희는 더한 것을 각오해야겠지요? 마음의 준비는 하고 있어야겠네요, 선생님.

○○이 어머니 노력 아니었으면 진실 자체가 묻혀 버릴 뻔한 걸요. 저쪽 학폭위에 △△ 아버님은 회의에 안 오셨고요. 그 전에 오셔서 학교 처분에 따르겠다고 하셨대요.

아, 특별교육은 주로 상담이고요. 출석정지 때는 여행을 보내시면 싫네요.

면목고 폭력대책자치위원회는 이번 주 목요일인 긔5일 15시 회의실에서 열립니다. 참석해서 말씀하실 권한이 있으십니다.

○○이에게 주고 싶은 세 가지입니다.

1. 세상을 좀 만만하게 볼 수 있는 용기
2. 99명이 따돌려도 눈 하나 깜짝 안 하는 심장 갖기
3. 결국 세상은 상당히 공평하다는 느낌 갖기

네, 감사합니다! 선생님.

드디어 내일 학폭위가 열립니다. 사안 처리 서식 42종 중 이제 겨우 절반을 넘어가는 중입니다. 앞으로 검찰이나 법원에서도 마찬가지로 "모든 벌을 달게 받을 테니 부디 이번 일을 계기로 아이나 우리 가족이 모두 성장할 수 있도록 도와달라"고 하시는 것이 위원들의 마음을 가장 잘 움직이지 않을까 생각이 듭니다. 어머니는 앞부분에 말씀하고 귀가하시고 회의는 비공개로 진행되며 모든 학폭위원은 비밀서약을 합니다. 오늘도 햇빛 많이 받으시고 기운 내시길♥

선생님 제가 말을 잘할 줄 몰라 (내일 회의에서 드릴 말씀을) 편지로 한 장 썼습니다. 이따 동생이 오면 선생님께 보내 드릴 테니 선생님 바쁘시겠지만 내일 오시는 분들께 한 장씩 배포해 주시면 안 될까요? 제가 말주변도 없어 궁리 끝에 적어 보았습니다. 부탁드립니다.

어머님, 참 잘하셨어요!^^

혹시 내일 학폭위 때 아이도 있어야 하는지요?

참석 의무라기보다 발언 권한이 있어요.^^

저쪽 학교에서 연락이 왔는데 △△네와 ◇◇이네는 합의를 했다고 하시네요.

○○이 병원에 가 보질 못해 송구합니다. 피해 학생이 가해 학생의 징계가 미약하다고 생각하면 재심을 청구하실 수 있습니다. △△네 쪽에서 재심을 요구할 가능성도 없지 않습니다. 화해가 절실한데...

그렇게 연락이 온 건가요?

아니에요. 그냥 가능성에 대비할 뿐이지요.

재심이 열리면 선생님은 일 폭탄을 맞으시는 거죠? 저희가 재심을 요구해도 선생님 일이 늘어날 것 같아서 고민 중이었는데, △△네가 재심을 신청해도 일 폭탄이잖아요? 어떻게 해야 하는지요, 선생님?ㅠ

제 운명이려니 해야지요. 그런데 재심을 하게 되면 제가 ○○이에게 쏟을 여력은 더이상 없을 듯해요. 어제까지 외부 휴대폰 전화도 못 받고 사랑 노릇 못하고 살았거든요.

그러게요. 선생님께 죄송한 마음뿐입니다.

○○이 어머니, 바쁜 한 주가 마무리되어 가네요.
신경정신과 상담을 받으시려면 면목고등학교 학폭위
위원이셨던 김현수 원장님을 추천해 드려요.
우리 학교 아이들 수십 명을 상담해 주셔서 저희
아이들을 가장 잘 아십니다. 면목고에 오셔서 학생과
학부모, 교사 모두에게 강의해 주셨지요.

제가 모든 가능성에 대비할 테니 ○○이 어머니
위축되지 마시라는 뜻이에요. 힘내요.♥ △△
아버님에게 학폭위 결과 알려 드리려고 통화했더니
재심 신청 안 할 거니까 보내지 말라고 하시네요.

상담 선생님께 학부모 특별교육 날짜 가능한
빨리 잡아 달라고 부탁드렸고요, ○○이 특별교육은
다음처럼 시행된다네요.

일시: 5.20 ~ 5.24 / 9시 30분 ~ 15시 30분
장소: ○○○지역아동센터

아동센터에서 하게 되어 참 좋네요. 서양의 징계
프로그램 중에 어린 아이들과 소통하면서 공감 능력
키우기가 있거든요. 어머니께서 한번 찾아가시면 더
많은 도움을 주실 겁니다. 저도 상담 선생님과 시간
내어 인사드리러 가려고요.

○○이가 출석정지 언제부터인지 궁금해합니다.

앗 제가 놓쳤네요 ㅎㅎ. ○○이하고 상의해서 정하세요. 너무 더워지기 전에 잡아서 혼자 여행 보내셔도 좋겠네요. 가기 전에 저한테 들르라 해 주세요. 책 한 권 선물하게요.^^

선생님 죄송한데 (동부위센터 학부모 특별교육) 혹시 몇 층에서 하는지 아시는지요?

에고, 이제 보았네요. 좋은 시간 보내셨나요?^^

감사합니다, 선생님. 처음에는 왜 우리는 피해자인데 이런 교육을 받으라고 하시는지 이해도 안 가고 했는데 교육이 다 끝나고 미소가 번지네요. 진심으로 좋은 시간이었습니다.

○○이 어머니 파이팅! 고맙습니다.

선생님 제가 오늘 많은 것을 배우기도 했지만 제가 조그만 바람이 하나 생겼는데요. 오늘 오신 분들은 거의 가해 측 학생 부모님이었는데요, 강사님이 한 분 한 분 왜 오셨냐 물으시면서 이야기를 들으시고 하나하나 무엇이 잘못인지를 가르쳐 주시고 자녀들에게 어찌 대처하라고 하시더군요. 그래서 저는 꼭 △△군 부모님도 거기를 다녀왔으면 합니다. 그러면 언어폭력이 얼마나 심각한지 조금은 알 수 있을 테니까요. 선생님 정말 감시 감시힙니딩.

그쪽도 특별교육 이미 받으셨을 거예요.^^

좋은 책 한 권 소개해 드려요. 우리 부부는 아이들이 사춘기로 한참 까칠하던 시절,《부모와 십대 사이》라는 책을 읽으며 위기를 넘겼답니다.

내일이면 ○○이가 출석정지 끝나고 돌아오는군요. 지난 주말 검찰이 소년재판 결정 전 담임교사 의견 참고제도를 시행한다는 공문이 왔네요. ○○이 계속 모범적으로 생활해서 나중에 담임선생님이 검찰에 의견 잘 말씀해 주시도록 애써야겠네요.

〈교사 의견서〉

사건 번호: 서울중앙지방검찰청 ㄴ0○○형 제 ○○○○○○호
대상 학생: ○○○
죄명: ○○○
■ 대상 학생과의 관계
　□ 담임교사
　□ 학교생활지도교사
■ 대상 학생의 평소 성격
■ 대상 학생의 학업성취도
■ 대상 학생의 교우관계
■ 대상 학생의 가정환경
■ 대상 학생의 학교 내 징계처분 전력 (상점, 벌점 포함)
■ 이 사건에 대한 학부모 및 학생 면담 결과
■ 이 사건에 대한 교사의 의견
　　　　　ㄴ0 .　 .　 .
　　　　　　진술인

햇살이 창문을 비출 때 기분 좋게 일어나 선생님께서 보내 주신 카톡을 봅니다. 어느 날은 아, 이런 일도 있구나, 또 어느 날은 이런 대견한 아이도 있구나 하면서요. 오늘은 그 아이를 좀 더 품어줄 수도 있지 않나 하는 생각이 듭니다. 선생님의 왼팔이 또 오른팔이 아이들에게 얼마나 감사한 팔인지 새삼 느낍니다. 선생님처럼 아이를 사랑해 주시는 선생님들이 많이 계시길. 선생님 파이팅!(최고)

감사합니당!^^

가해 학생 부모와 상담 사례

───────

한 학생이 후배를 괴롭혀 학교폭력으로 신고를 당했습니다. 가해 학생의 부모는 상당히 위축된 모습이었습니다. 교사가 우리 아이를 얼마나 나쁘게 볼까 하는 마음에 그럴 수밖에 없을 겁니다. 안심시켜 드리고자 부모와 교사가 한편이라는 느낌을 주려고 노력했습니다. 저는 이런 경우에 처한 학부모에게 늘 드리는 말씀이 있습니다.

"아이의 허물을 덮기 위해 부모와 애가 짬짜미하면 애를 버립니다. 어른끼리 짬짜미해야죠."

사안 발생 초반에 아이의 어머니와 SNS를 통해 짬짜미한 내용을 정리했습니다.

> 어머님, 학폭위 개최 여부보다 ○○이가 앞으로 잘 처신하는 게 더 중요합니다.

> 아, 후배 학생 째려보거나 그러지 말란 말씀이시죠?

그렇죠. 그게 제일 중요해요. 그 아이가 집에 가서 "아빠, 오늘 나 지나가는데 나한테 병신이라고 했던 그 언니가 또 째려봤어" 이러면 회복이 힘들어져요.

네, 알겠습니다. 주의시킬게요.

만약 그래서 고소당하면 민사소송까지 갈 수 있어요. 그 아이 부모님이 흥분해서 경찰서까지 가지 않도록 하는 게 지금 핵심이지 학교폭력대책위 열리는 건 아무것도 아니에요.

네, 알겠습니다. 그런데 솔직히 애들 싸움이 어른 싸움 된다고는 해도 만약에 진짜 그쪽 부모가 그러면 어디 제대로 된 어른이에요?

그 애 아버지는 두렵고 불안하니 그러실 수 있죠. 자식 보호하려면 무슨 일인들 못 하겠어요? 이러다 보면 애들 싸움이 어른 싸움이 되어 버리는 거고요. 그런 일이 일어나지 않으려면 ○○이가 지나가다가 후배를 만나더라도 위협적인 어떤 행동도 하지 말아야 해요. 지나가다가 째려보고 "그래, 너 참 잘났다!" 이런 한마디 해서 애 아버지한테 또 전달되면 진짜 경찰서 가시게 되는 거예요.

무엇보다 ○○이를 단속하시는 게 최우선이에요.

아휴. 오늘도 도움이 많이 됐습니다. 오늘 ○○이 오면 앉혀 놓고 얘기 좀 해야겠네요. 그나저나 저쪽에서 돈 이야기 꺼낼까 걱정이에요.

○○이 세뱃돈 통장에 지금 얼마나 있어요?

한 100만 원 되려나?

그러면 이제 그렇게 협박을 하세요. 송 선생님이 그러시는데 선생님 제자가 얼마 전엔 욕 몇 마디 했다가 모욕죄로 벌금 100만 원 내서 전과자 되고, 피해보상으로 민사소송 가서 300만 원 냈다고요. 아이들이 생각보다 돈에 약해요. 엄마 어려운 살림인데 이제 네 용돈이라도 줄여야 하지 않겠냐 이런 식으로 이야기해 보세요. 왜 어른이 마음을 썩여요? 엄마가 아이 머리 꼭대기에 올라가 앉아 계셔야 해요. 이런 때가 최고 기회예요. 엄마가 모처럼 '갑'이 될 기회잖아요. 이번 기회에 어떻게 아이를 내 손아귀에 넣을 수 있을지 생각해 보세요.

네, 그럴게요. 걸핏하면 자기 인생 자기가 알아서 살겠다고 하더라고요. 알아서 살겠다고 했으니 어디 한번 다 책임져 보라고 해야겠어요.

다음 달부터 용돈을 절반으로 줄이고 절반은 앞으로 일어날 일에 대비해 적금을 붓겠다고 자극을 주세요. 엄마 고생해서 번 돈 다 보상금으로 쓰게 생겼는데 대책을 세워야 하지 않겠냐고요. 가령 용돈이 만 원이면 이제 5천 원만 주겠다고요. 그럼 애가 사태의 심각성을 실감할 거예요. 어른이 영악하게 굴어야 해요. 지금 흥분하면 지는 거예요.

네, 잘 활용해 보겠습니다.

사실 학교폭력이고 뭐고 다 필요 없고 ○○이가 이런 일을 계기로 성장하는 게 중요한 거예요. 어려움을 겪으면 애들이 성장해요. 부모가 어떤 태도를 보이느냐가 가장 중요한 거죠. 이 대사를 꼭 기억하세요. "뭣이 중헌디!"

하하하!!! 명심하겠습니다. 귀한 시간 내 주셔서 정말 감사합니다, 선생님.

V

그 밖에 나누고 싶은 글과 자료

가정통신문 계절별 인사 모음
5월 8일 어버이날 종례신문
탄원서 4종: 존경하는 재판장님께
학부모에게 추천할 만한 도서 목록
훌륭한 부모는 무엇이 다른가
청소년 스마트폰 과의존 검사지
청소년 ADHD 검사지(CASS)

가정통신문 계절별 인사 모음

늘 써도 어려운 게 가정통신문 인사말입니다. 전할 내용, 즉 본문은 일목요연하게 정리가 되었는데 막상 서문을 어떻게 시작해야 할지 고민하게 됩니다. 하여, 1년간 계절별로 사용할 만한 인사말을 정리해 봤습니다. 도움이 되길 바랍니다.

<봄>

입춘을 맞아 봄을 맞이하는 나무와 꽃의 긴장감이 활력을 돋우는 계절입니다. 입춘대길이라고 대문에 써 붙인 입춘문(文)을 대개 그 집안의 최연소자가 썼다고 합니다. 우리 집에도 입춘문을 쓸 만한 아이가 있다는 것을 과시하는 뜻도 있었다 하고요. 우리 아이들에게도 그런 기대를 가져 봅니다. 다름이 아니오라…

안녕하십니까? 새 학기가 시작한 듯하더니 벌써 3월이 다 가고 있습니다. 학생들은 새 학년에 적응하여 실력을 다져 가고 있습니다. 학부모님의 가정이 평안하시기를 기원합니다.

교정의 푸르름이 짙어지는 4월입니다. 봄기운이 완연한 아름다운 계절에 가정에 기쁨이 가득하시기를 기원합니다.

교정 동상 앞에 우윳빛 목련이 봄 햇살 속에서 빛나고 있습니다. 여기저기 핀 봄꽃들 사이에 내미는 연초록 어린 나뭇잎들이 조그맣고 소박한 희망처럼 느껴집니다. 그간 별고 없으신지요.
벌써 중간고사 시험이 다가왔습니다. 감기에 걸린 몇몇 아이들이 밭은기침을 하며 공부하는 모습이 대견하면서도 애처롭습니다. (충암고 송영만 선생님 작성)

봄인가 했더니 어느새 녹음이 짙어지고 있습니다. 신록의 계절을 맞이하여 학부모님의 가정에 건강과 행복이 가득하시기를 기원합니다.

신록의 계절 5월입니다. 교정 텃밭에 애기똥풀의 노란색이 귀엽기만 합니다. 그간 가내에는 별고 없으신지요. 어느 책에서 읽었는데 예쁘다는 말을 들은 난초는 더욱 아름답게 자라고, 볼품없다는 말을 들은 장미는 자학 끝에 시들어 버린답니다. 또 어떤 식물은 바흐나 모차르트 같은 클래식을 좋아하고, 어떤 식물은 시끄러운 록 음악을 좋아한다고도 했습니다. 제비꽃은 바흐나 모차르트의 교향곡과 재즈를 좋아하지만 록 음악은 싫어합니다. 하물며 사람은 더 말할 것도 없습니다. 식물도 그러한데 인간, 더욱이 감성적이고 예민한 우리 아이들은 예쁘다, 아름답다, 말하는 순간 예쁜 사람, 아름다운 사람이 됩니다. 마음을 기울여 말하고, 혼이 담긴 눈빛으로 바라보고, 사랑이 담긴 손을 건네는 순간, 세상은 빛이 나고 우리 아이들은 새로운 사람으로 다시 태어납니다. (충암고 송영만 선생님 작성)

녹음이 더욱 푸르러진 계절에 학부모님들의 댁내 두루 평안하시기를 빌며 학교교육에 늘 관심을 가져 주시는 학부모님들께 진심으로 감사를 드립니다. 우리 학교에서는 2021학년도 교육과정의 일환으로…

<여름>

날씨가 점점 성하의 계절로 치닫는 요즘입니다. 댁내 평안하신지요? 자녀의 교육을 위해 적극적으로 협조해 주심에 다시 한번 깊이 감사드립니다.

초여름 날씨가 계속되고 있습니다. 올림픽공원 담장의 장미가 어느새 여름을 얘기하려는 이즈음 학부모님의 가정에 건강과 행복이 함께하시길 기원합니다. 우리 학교 교직원은 학생들의 교육 및 생활지도에 최선을 다하고 있습니다.

녹음이 짙어가고 더위가 성큼 다가온 요즈음 학부모님의 댁내 두루 평안하시기를 바랍니다.

무더위와 장마로 심신이 지치기 쉬운 계절을 맞아 각 가정의 건강과 평안을 기원합니다.

여름 더위로 인해 지치기 쉬운 때입니다. 학부모님의 가정에 항상 건강이 항상 함께하길 기원합니다. 본교에서는 날씨가 무더워져 여름철 식중독이나 각종 질병에 대비하여 영양관리에 만전을 기하고 있습니다.

이제 날씨가 무더워지면서 장마철에 접어드는 듯합니다. 이 힘든 계절에 학부모님들 댁내 평안하신지요?

수은주가 연일 30도를 넘나드는 무더운 날씨가 시작되는 요즈음 학부모님 댁내 평안하신지요? 월드컵 열기가 온 나라에 감동과 환희를 주는 6월이지만 학교에서는 한 학기를 마무리하는 분주한 시기를 보내고 있습니다. 그동안 학부모님의 지속적인 관심과 협조 덕택으로 학교는 계획된 학사일정을 효과적으로 운영해 나가고 있으며,

안녕하십니까? 여름방학을 맞이하며 그동안 우리 학교의 교육활동에 많은 관심을 갖고 적극적으로 지원해 주신 학부모님께 감사드립니다.

<가을>

가을이 성큼 다가왔습니다. 환절기에 건강 유의하시고 가내 평안을 빕니다.

본교에서는 1학기 교육활동을 마무리하고 2학기 교육계획을 내실 있게 수립하기 위해 전 직원이 힘껏 노력하고 있습니다.

새로운 학기가 시작되었습니다. 멀리서 어렴풋이 가을이 오는 소리도 들립니다. 다가오는 가을에는 학부모님 가정에도 풍성한 수확이 있으시길 기원합니다.

안녕하십니까? 들판의 곡식이 누렇게 물들어 가는 계절입니다. 눈병이 자녀들을 괴롭힌 지가 얼마나 됐다고, 이제는 일교차가 심하여 감기 환자가 늘고 있다고 합니다. 눈병 치료에 보여 주신 사랑과 정성으로 감기도 예방하였으면 합니다.

선선한 바람이 붑니다. 학부모님 가정에 평온과 기쁨이 함께하기를 바랍니다. 아뢰올 말씀은…

하늘은 푸르고 단풍이 물들어 가는 결실의 계절에 학부모님 댁내 평안하신지요?

단풍이 물드는 아름다운 계절입니다. 학부모님의 가정에 건강과 행복이 함께하시기를 기원합니다.

<겨울>

추위가 옷깃을 여미게 하는 계절에 학부모님 댁내 두루 평안하신지요?

한해도 저물어 가고 있습니다. 부모님 가정에 항상 사랑이 넘치기를 기원합니다.

어느덧 2021년도 저물어 가고 새 희망의 2022년이 다가오고 있습니다. 학부모님 댁내에 두루 평안하시기를 기원합니다.

```
학급담       영어교
임송형       사송형
호의인       호의인
```

한글 프로그램의 표로 만든 직인입니다.
가정통신문이나 담임 명의로 발행하는 상장 등에 활용하실 수 있습니다.

5월 8일 어버이날 종례신문

종례신문은 학급 아이들에게 전할 말을 주로 쓰지만, 많은 학부모들이 열렬히 '구독'하고 계시다는 걸 알기에 부모들이 알고 계셨으면 하는 내용을 써 넣기도 합니다. 특히 어버이날에 배포하는 종례신문에는 작정하고 교사가 아닌 한 가정의 아버지로서 학부모들에게 전하고 싶은 내용을 써 넣습니다.

<5월 8일 종례신문>

어버이날을 축하드리며 부모님들께 드립니다.

저는 홀어머니의 외아들입니다. 아내는 홀시어머니의 외며느리인 셈이지요. 결혼하고 오랜 세월 저는 이른바 '고부갈등'이란 것에 시달렸습니다. 살림을 도맡으셨던 어머니는 늘 아내에게 이런저런 불만이 많으셨죠. '여우 같지 못한' 아내는 이런 어머니와 사이좋게 지낼 방법을 알지 못했습니다. 어머니의 며느리에 대한 불만은 거의 증오에 가까울 지경이었지요.

그런 와중에 저는 갈등의 원인이 늘 아내에게 있고 "시어머니 마음을 만족시키려고 조금만 더 열심히 하면 될 텐데 그걸 못한다"라며 늘 서운해하고 있었지요. 그런 상태가 지속되니 결과는 뻔한 것이지요. 아내와 저 둘 사이의 관계가 나빠져서 6년 전에는 심각하게 이혼까지 생각하게 되었습니다. 저는 사실 그전부터 이혼 가정의 자녀들이 사춘기에 방황하고 힘들어하는 걸 많이 봐와서 차라리 아파트 옥상에서 뛰어 내려 자살할지언정 이혼만은 절대 하지 않으리라 생각했던 사람입니다. 그런데 이제 결단의 순간이 눈앞에 다가왔습니다.

혼란의 와중에 집사람이 성당에 함께 나가 세례를 받자고 제안해 왔습니다. 뜬금없이 웬 성당이냐고 했더니 제 누님께서 그걸 권하시더랍니다. 부부간의 문제가 심각해지니 시누이와 상의를 했나 봅니다. 두 달 정도 수요일 밤 8시부터 9시까지 한 시간씩 세례를 위한 수업을 받으러 아내와 성당에 다녔습니다. 저는 정말 가기 싫었고 그런 내색을 아내에게 노골적으로 했습니다. 술 잔뜩 먹고 가서 졸기도 하고요. 그런데 세 번째 가는 수요일쯤부터 아내와 단둘이만 가는 그 시간이 싫지 않더군요. 달콤한 데이트 같기도 했습니다.

제가 수업방법개선교육 강사로 좀 뜨면서(?) 집에 와서도 늘 컴퓨터 앞에 앉아 있으면서 아내와 단둘의 시간이 전혀 없었다는 것을 그제야 깨달았습니다. "여보, 우리 둘만의 시간을 갖게 되니까 정말 좋다"고 했습니다. 결혼 전에 보았던 그 사람의 매력도 다시 느끼고 사랑스러운 마음도 다시 느끼게 되었지요. 아내를 긍정적으로 보게 되면서 "이 사람은 늘 최선을 다하고 있는데 왜 그걸 몰라봤을까? 초등교사로 매일 출근하면서 살림하고 애들

키우고. 이 사람은 늘 과로 상태가 아닌가?"라는 생각이 들었습니다. 그런 마음으로 아내의 일거수일투족을 다시 보니 정말 아내는 늘 과로 상태일 만큼 힘들고 어렵게 살고 있더군요. 바쁜 아침 나는 식탁에 앉아 신문을 보고 아내는 밥 준비에 애들 급식 수저 챙기고 보온병에 물도 준비하고. 참 모자란 남편이었습니다.

우리 집 이혼 파동은 그렇게 수습이 되었습니다. 그 일 이후로 어머니도 아들인 제게 며느리 흉보는 일이 점차 줄어들어 지금은 아예 하지 않으십니다. 흉을 안 보니 미움도 줄어드는지 아내가 드디어 어머니를 편안해하기 시작하네요. 어머니도 아내의 장단점을 있는 그대로 받아들이시고요.

재미있는 사실은 제가 10여 년 동안 '고부간의 갈등'이란 허상에 매여 있었지만 정작 아내는 늘 그 자리에 같은 모습으로 있었다는 것입니다. 시어머니와 남편이 그 알량한 속내 때문에 못 견뎌 했을 뿐이지요. 하지만 그간의 고통이 없었다면 어디 이런 지혜와 감사의 마음이 생겨났을까요. 학부모님 댁내에도 평안을 빕니다.

탄원서 4종:
존경하는 재판장님께

학생이 경찰이나 검찰의 조사를 받거나 법원의 판단을 기다리고 있는 경우 교사의 의견이 매우 중요하게 받아들여집니다. 여러 아이가 똑같은 사안을 일으킨 경우에도 어떤 학생은 소년원 입소 처분을 받지만 어떤 학생은 가벼운 처분을 받는 일도 있다고 합니다. 아이를 보호하고 성장시켜 줄 사람이 없을 때 소년원이라는 법의 보호를 받도록 한다는 취지입니다. 그래서 교사가 책임지고 지도할 의사를 표현하면 검찰이나 법원에서 무겁게 받아 주는 것 같습니다.

존경하는 재판장님!

춥고 쌀쌀한 날과 따뜻한 날이 오락가락하는 요즘, 나라의 중요한 일을 하고 계신 재판장님의 건강과 행복을 기원합니다. 저는 ○○고등학교 ○○○ 학생의 담임 ○○○입니다.

2012년 1년 동안 ○○이를 지도해 온 담임으로서 많은 분께 심려를 끼쳐 드린 데 대해 책임을 느낍니다. 또한 좀 더 지혜롭고 참되게 가르치지 못한 점에 대해 깊은 사과를 드립니다.

　2학년을 함께 보내면서 봤던 ○○이는 친구들 사이에 갈등을 조정하고 화기애애한 분위기를 조성하는 능력이 뛰어나며, 특히 교사와 학생들 사이에 불미스러운 일이 있을 때도 이를 중간에서 조정할 만큼 지혜롭고 슬기로울 뿐 아니라 마음이 따뜻하고 넉넉하여 사람들의 마음을 즐겁고 행복하게 하는 매력을 지닌 학생입니다. 또한 평소에 정서적으로 안정되어 있고 자신의 감정과 행동을 잘 통제하여 넉넉하고 여유가 있는 아이입니다. 정이 깊고 우애가 남다른 ○○이는 급우들 사이에 ○반의 마스코트라 불릴 만큼 학급 친구들에게 사랑받고 사랑을 나눌 줄 아는 고운 아이입니다.

　또 학업 면에서 ○○이는 1학년 때에는 공부에 큰 흥미를 갖지 못했으나, 지난 여름의 그 사건 이후 자신의 행동을 크게 뉘우치고 반성하는 계기를 마련하여 2학년 2학기가 되면서 마음을 잡고 학업에 전념하기 시작하였습니다. 그래서 2학년 2학기에는 플래너를 꾸준히 쓰고, 또래 멘토링 활동, 교사 멘토링, 야간 자율학습 등을 하며 학업에 전념한 결과 국어, 수학 등의 등급이 1, 2등급씩 향상되었고, 특히 사회탐구 부분은 1, 2등급을 반드시 유지하였습니다. 또한 지리 과목을 특히 좋아하여 교내 지리 올림피아드 대회에서 1위를 하여 학교 대표로 전국대회에 출전하기도 하였으며 경제 관련 교내 대회에서는 우수상을 타기도 하였습니다. 또한 그 상으로 받은 문화상품권은 모두 학급비로 내놓아 학급 친구들을 위해 쓰일 수 있도록 배려하기도 하였습니다. 또한

2학기에는 한국지리부장을 하면서 성심성의껏 선생님을 도와 학급의 학업 분위기 조성을 위해 노력하고, 제주도 수학여행을 미리 준비하는 파워포인트 자료를 스스로 만들어 수학여행 전 급우들에게 여행지를 미리 소개하고 준비할 수 있도록 하는 등 학업 및 학급 생활에 열정적인 학생입니다.

○○이가 1학기 때 주류 구매와 관련해서 타인의 주민증을 오용한 일은 진심으로 백번이라도 사죄해야 하며, ○○ 본인도 철없이 행동했던 자신의 잘못에 대해 뼈아픈 후회와 반성을 하였습니다. 그리고 담임교사였던 저도 법을 준수하여 청소년으로서 하지 말아야 할 일에 대해 옳게 가르치지 못한 점을 고개를 숙여 진심으로 사죄드리는 마음뿐입니다. 한편 안타까운 점은 어리고 철이 없어 순간적으로 잘못을 저지르면서도 친구들 간 우의를 중시 여겨 다른 친구들이 위험할까 염려하여 혼자 그 잘못을 모두 저지른 ○○이의 여린 면모입니다. 그 일로 인하여 누구보다 깊은 상처와 후회와 죄책감에 시달리는 ○○이는 이제 고3입니다. 가슴에 미래에 대한 꿈을 품고 한창 공부해야 할 시기에 2학년 때 철없이 저지른 잘못으로 인하여 죄책감과 후회로 힘들어하는 것을 보고 있자니 저는 아끼는 제자의 앞날이 걱정되어 가슴이 아프고, 저 역시 더 잘 가르치지 못한 후회와 죄책감에 ○○이와 그 아픔을 함께하고 있습니다.

그런 고통스러운 상황임에도 불구하고 현재 ○○이는 자신의 잘못된 행동에 대해 깊이 반성할 뿐만 아니라 강한 의지를 갖고 그 이전과 마찬가지로 이를 악물고 성실하게 잘 생활하고자 노력하고 있습니다. 매일 아침 일찍 학교에 와 공부를 하고, 머릿속이 복잡하고 혼란스러움에도 불구하고 매일같이 야자에 남아 공부에 전념하고자 노력하고 있습니다.

존경하는 재판장님!

이 학생에게 선처를 부탁드립니다. 저는 ○○이가 재판받는 일로 인하여 받을 충격과 상처도 걱정이지만 그보다도 행여 ○○이가 이번 일로 세상은 잘못만 있고 용서는 없다는 선입견을 품고 세상을 냉정한 시선으로 바라보며 평생을 살게 될까 봐 너무도 걱정됩니다. 따뜻하던 이 아이가 청소년기에 잘못된 판단으로 인해 저지른 실수로 인해 세상을 원망하며 냉정한 곳으로 알며 살아갈까 너무나도 안타깝습니다. 존경하는 재판장님!! ○○이에게 선처를 베풀어 주세요. 앞으로 저는 ○○이가 고등학교에서 공부하며 생활하는 남은 기간에 최선을 다해 지도하고 돌보겠습니다. 저는 작년과 마찬가지로 지금까지도 매일 매일 ○○이의 공부와 생활을 돌봐 왔습니다. 성장 가능성이 크고 사랑이 가득한 빛나는 아이, 꿈이 많고 정이 많은 사랑스러운 아이가 바로 ○○이기 때문입니다. 이번 일을 계기로 저와 많은 이야기를 나눈 ○○이는 선택의 순간에 옳고 그른 것을 판단하고 옳은 것을 선택하는 힘을 기르는 것이 얼마나 중요한 것인지 뼈저리게 깨달았습니다. 이번 일을 계기로 ○○이는 옳은 것을 선택하고 지킬 수 있는 용기가 있는 사회인으로 자랄 성장의 계기로 삼아 더 멋지고 훌륭하게 자랄 것을 믿어 의심치 않습니다. 자라나는 청소년인 ○○이가 실수를 통해 더 크고 멋지게 자라려면 주변의 지지와 사랑이 간절히 필요하다고 생각합니다. 실수를 통해 더 멋지게 성장하여 이 사회를 위해 큰일을 하는 따뜻하고도 멋진 어른으로 자랄 수 있도록 스승으로서 깊은 사랑을 갖고 ○○이를 돕겠습니다. 그리고 마침내 ○○이가 그 사랑을 사회에 되돌려 세상을 아름다운 곳으로 만들 수 있다면 그보다 더 보람이 있는 일은 없을 것 같습니다.

○○이에게 기회를 주셔서 아이가 실수를 통해 더 크게 자랄 수 있도록 존경하는 재판장님의 크신 아량으로 선처를 베풀어 주시길 교사로서 간곡히 부탁드립니다.

[결과: 보호처분 1호, 2호]

존경하는 재판장님께

어제오늘 선선한 바람이 불기 시작합니다. 재판장님의 건강과 행복을 기원합니다. 저는 ○○고등학교 ○학년 ○반 ○○○ 학생의 담임을 맡고 있는 영어교사 ○○○입니다.

지난 한 학기 동안 ○○이를 지도해 온 담임으로서 많은 분께 심려를 끼쳐 드린 데 대해 도의적인 책임을 느낍니다. 아울러 좀 더 지혜롭고 참되게 가르치지 못한 점에 대해 깊은 사과를 드립니다. ○○이는 고등학교 들어와서 그동안 사고결석 한 번 없는 모범생입니다. 1학년 때는 장애인 복지관에 가서 봉사활동도 할 만큼 정서적으로 안정되어 있고 자신의 감정과 행동을 잘 통제하여 여유가 있는 편입니다. 정서적으로도 늘 편안해 보이던 아이입니다. 학급에서 특별구역인 영어교과실 청소를 맡아 열심히 하여 상점 3점을 주기까지 하였습니다.

1학기 때 상대방 측에서 ○○이에 대해 서울시교육청에 투서를 한 바 있습니다. 교육청의 지시로 학교에서는 사건의 전모를 소상하게 파악하였습니다. 생활지도부에서는 내용을 파악한 다음 학교 측에서 처벌할 사안이 아니라고 판단하고 현재 ○○이에게 어떠한 처벌도 내리지 않았습니다. 오히려 당당하게 법정에 나서 가해자 측에게 법의 심판을 내리도록 하는 것이 옳으니 학부모님께 오히려 격려의 말을 전하도록 부탁하였습니다.

누구보다도 가장 큰 상처를 입고 있는 것은 ○○이입니다. ○○이가 이 일로 인하여 스스로 반성하며 자책하는 모습을 보면서 저도 동정과 아픔을 같이하고 있습니다. 상대방과 시비가 붙은 와중에 싸움을 말리던 상대방의 여자 친구에게 고의가 아닌 실수로 상해를 입히게 된 것인데, 그로 인해 소송에 휘말렸다고 하니 안타깝기도 하고 어처구니없다는 느낌도 받고 있습니다. 지난번 ○○이가 상대방으로부터 자전거 묶는 체인으로 끔찍한 폭행을 당해 눈썹 부분이 크게 다쳤건만 전치 2주의 진단을 받은 것도 실은 법적인 이해가 적은 어머니께서 이런 일이 벌어질 줄 모르고 준비를 너무 소홀하게 하신 탓으로 안타까울 뿐입니다. 실제로 ○○이가 상대로부터 받은 정신적·신체적 피해는 전치 2주의 진단 이상입니다. 그런데도 현재 ○○이는 그 이전과 마찬가지로 성실하게 살 생활하고 있습니다. 그리고 자신의 행동에 대해 깊이 반성할 뿐만 아니라 강한 의지를 다지고 학교에 다니고 있습니다. 제가 혹시 증빙 자료가 될까 하여 ○○이 학교생활기록부를 발급해 보내 드립니다.

존경하는 재판장님!

○○이에게 선처를 베풀어 주시기를 바랍니다.

앞으로 ○○이가 고등학교에서 공부하며 생활하는 동안 최선을 다해 지도하고 돌보겠습니다. 저는 그동안 여러 차례 ○○이에게 세상 탓을 하기보다 길거리에서 미성년자가 담배를 피웠다는 자기 자신의 과실에 대해 반성하라고 요청했고 본인은 담배를 끊겠다고 약속했습니다. 부모님도 이 부분에 저와 의견을 같이하고 계십니다. 하지만 ○○이가 재판받는 일로 인하여 받을 충격과 상처도 걱정이고 그보다 담임으로서는 행여 어린 ○○이가 이번 일로 평생 세상이 공정하지 못하다고 선입견을 품고 살게 될까 봐 너무도 걱정됩니다. 재판장님께서 ○○이에게 기회를 주시기를 담임으로서 간곡히 선처를 부탁드립니다.

[결과: 무혐의]

존경하는 재판장님께

올림픽공원에 서서히 산수유가 꽃을 피우기 시작하고 있습니다. 재판장님의 건강과 행복을 기원합니다. 저는 면목고등학교 3학년 ○○○ 학생을 지난 3년간 옆에서 지켜본 전 면목고 생활지도부장 송형호입니다. 현재는 전국민적인 관심사가 된 학교폭력 예방대책을 위해 서울시교육청에 파견되어 와 1년간 근무 중입니다.

2011년 12월 말 서울교육문화회관에 생활지도부장 협의회를 다녀왔습니다. 강지원 변호사의 간단한 특강이 있었습니다. 소년 담당검사를 거쳐 부장검사로, 소년원장에 이어 청소년보호위원장까지 지낸, 청소년 비행 전문가로 알려져 있습니다. 그분이 우리 사회 범죄의 궁극적 원인을 상처(trauma)로 보고 있어서 많이 놀랐습니다. 상처가 화(anger)로 표출되어 공격성(aggression)으로 나타나는데 외부를 향하게 되면 폭력, 절도 등의 범죄가 되고 이를 '넘어서' 자기 안으로 향하게 되면 자살이 된다고 했습니다. 폭력이란 더는 자존감의 상처를 받고 싶지 않아 생기는 방어기제라고 보신 것입니다.

제가 통계청 자료를 기초로 작성한 인구 10만 명당 자살자 수를 보면 1998년 자살자 수가 19.9명에서 2008년 26명으로 증가했습니다. 2009년에는 31명에 이릅니다. 자살률이 계속 상승하고 있습니다. 강 변호사님 말씀처럼 폭력과 자살이 같은 궤도에서 출발하는 것이라면 학교폭력이 왜 심각해지는지 쉽게 답이 나오는 것이겠지요. 제가 생활지도부장을 하면서 학교폭력 예방을 위해 단 하나의 키워드로 삼은 것이 아이의 '자존감 회복'이었습니다.

아이의 가정환경에 대해서 들으신 바가 있으신지 모르겠는데 제가 듣기로는 초등학교 5학년 때 보육원 출신 아빠와 엄마가 이혼하면서 마음속의 화가 심해져 가출 등 방황도 하고 전문상담 기관의 도움도 받았지만 본인 지신도 차도가 없다고 안타까워하고 있습니다. 오랫동안 아픔이 있었음에도 이제 고3이 된 아이는 열심히 해서 대학에 가 보려고 학원에도 꼬박꼬박 다니고 올바른 태도로 수업에 참여해 생활하고 있습니다. 지난 3년간 아이를 돌봐 온 생활지도부장으로서 많은 분께 심려를 끼쳐 드린 데 대해 도의적인 책임을 느낍니다. 아울러 좀 더 지혜롭고 참되게 가르치지 못한 점에 대해 깊은 사과를 드립니다. 폭력을 행사하였지만, 누구보다도 가장 큰 상처를 안고 살아가고 있는 것은 이 아이입니다. 아이가 이 일로 인하여 스스로 반성하며 자책하는 모습을 보면서 저도 동정과 아픔을 같이하고 있습니다. 자신의 행동에 대해 깊이 반성할 뿐만 아니라 강한 의지를 다지고 학교에 다니고 있습니다.

존경하는 재판장님!

앞으로도 학생 어머니와 본인과 계속 SNS를 활용해 소통하고 아이가 고등학교를 졸업할 수 있도록 최선을 다하겠습니다. 어머니께서도 중랑구 건강가정지원센터에서 열리는 자녀와의 소통법 학부모 강좌를 들으려고 하시고 아이의 긍정적인 변화에 주목하여 자존감을 향상시키려고 노력하고 계십니다. 저도 더욱더 아이와 대화시간을 가지며 노력하겠습니다.

앞으로 ○○이가 고등학교에서 공부하며 생활하는 동안 최선을 다해 지도하고 돌보겠습니다. 재판장님께서 ○○이에게 기회를 주시기를 간곡히 선처를 부탁드립니다.

[결과: 보호처분 1호]

존경하는 검사님.

날씨가 무더워지고 장맛비가 오락가락하는 요즘 국가의 중요한 역할을 하시는 검사님의 행복과 건강을 기원합니다. 저는 △△ 고등학교 1학년 ○○○ 학생의 이전 소속교인 면목고등학교의 생활지도부장입니다.

지난 4개월 동안 아이의 문제행동을 지도해야 하는 생활지도부장으로서 사안을 예방도 못 하고 심려를 끼쳐 드린 점 송구스럽게 생각합니다. 또한 아이의 영어 담당 교사로서 좀 더 지혜롭게 교육하지 못한 점도 사죄드립니다.

지난 4개월 지켜본 바로는 ○○이는 매우 우울해 보이는 특징이 있습니다. 생활지도부장으로서 아이들이 혼자 있을 때 표정을 살피는 게 습관처럼 되어 있는데 ○○이는 표정이 너무 어두워 고1 아이 표정이 왜 저럴까 하고 놀랐습니다. 학교에서 실시한 정서행동검사 결과에서도 고도우울로 나와 있었습니다. 절도 사안 발생 후 어머니와 상담을 하면서 ○○이가 한창 사춘기인 초등학교 6학년 때부터 중2 때까지 가정형편이 어려워 부모님과 떨어져 엄한 할머니 댁에서 살아야 했고, 작년 11월께에 부모님께서 이혼하셨다는 말씀을 들었습니다. 이 말씀을 듣고 아이의 표정을 이해할 수 있게 되었고 아이가 이런저런 문제행동을 일으키는 마음 바탕에 화가 있다는 생각이 들었습니다.

지난 29년간 교직에 몸담아 오면서 아이들은 기의 부모의 이혼이나 별거 등으로 인해 화가 나서 문제행동을 택하는 것을 보아 왔습니다. 몇 년 전에는 전교 2등으로 입학한 저희 반 제자가 다른 교실에 들어가 절도를 하다가 현장에서 적발되어 모든 교사가 경악한 적이 있었습니다. 면담하고 보니 자신이 늘 전교 2등에 머물러 있다는 것, 특목고를 가고 싶었는데 어려운 가정형편 때문에 가지 못하고 일반계고에 와서 수업 분위기도 자신이 원하는 것으로 되지 않아 홧김에 저질렀다고 하더군요. 담임으로서 저는 생활지도부에 아이에게 중징계에 해당하는 사회봉사를 주십사고 간청해 30시간을 처분받았습니다. 제가 존경하는 분이 운영하는 지역아동센터에 부탁드려 아이에게 방과 후에 센터에 오는 초등생, 중학생들 학습지도 봉사를 시켰습니다. 지역아동센터에 오는 아이 중에는 한부모, 조손가정, 다문화가정 자녀가 많습니다. 와서 간식은 물론 저녁 식사도 급식을 먹는 어려운 형편에 처해 있지요. 자신보다 열악한 환경에서도 아이들이 꿈을 잃지 않고 살아가려는 모습을 보고 기운을 내서 다시 평소 생활로 돌아왔고 이후 꾸준히 노력해 자신이 원하는 대학에 진학해 주변 분들을 기쁘게 해주었습니다.

저는 ○○이가 휴대폰에 손을 댄 것도 마음속의 화 때문이라 생각합니다. 의식적으로 돈을 마련하려고 했다면 비싼 휴대폰을 훔쳐 불과 2만 원에 팔아넘기고 그 돈으로 바로 티셔츠나 사 입는 어리석은 행동을 하지는 않았으리라 생각됩니다. 부모의 이혼에서 온 화를 어쩌지를 못하는 안타까운 모습이지요.

○○이가 △△고에 전학을 간 이유는 흡연 건이었습니다. 학교마다 요즘 교내흡연 단속을 강화하는 추세라 저희 면목고도 세 차례 흡연하면 퇴학 조치를 하도록 교칙이 되어 있는데 ○○이

가 세 번째 적발되어 자진해서 전학을 간 것입니다. 보건복지부의 흡연교육자료에 보면 흡연의 이유에는 마음속의 우울도 영향을 미친다고 합니다. ○○이가 담배를 끊기 싫은 것도 이 때문이라고 보이고요.

저는 아이들이 전학을 간다는 것을 새 학교와 친구에 적응하느라 생활 속에 불편도 겪어 보고 새로운 출발을 해보는 기회라고 생각합니다만 ○○이가 이를 받아들일 수 있을지 지금도 걱정이 큽니다.

존경하는 검사님.

○○이에게 선처를 부탁드립니다. ○○이에게 무엇보다 불쌍하고 미안한 마음이 듭니다. 아이가 슬퍼할 때 어른들은 과연 무엇을 해 주었나 하는 자괴감에 시달리기도 합니다. ○○이는 제게 앞으로 잘 살겠다고 약속도 했지만 그를 뒷받침할 어른들의 힘이 너무 미약합니다. 정말 안타까운 일은 그런 ○○이의 마음을 알고도 제가 상담을 할 시간적인 엄두를 내지 못했다는 점입니다. 아이들은 자연 속에서 함께 거닐며 서너 차례 정도만 상담해도 대부분 치유가 되던데 생활지도부장이란 직책이 너무 부담이 커서 단 한 차례도 아이와 진지하게 이야기를 못 했습니다. 해서 이제부터라도 SPO 경찰과 건강가정지원센터 등과 함께 모여 회의를 해서 아이를 지원할 시스템을 갖추려고 노력해 보겠습니다.

○○이 어머니와는 수시로 SNS로 연락하고 있습니다. 올바른 자녀와의 소통법, 진로지도법 등에 대해 정보를 지속해서 드리고

있습니다. "한 아이가 잘 자라려면 마을이 필요하다"라는 인디언 속담이 있다더군요. ○○이를 위해 이제부터라도 어른들이 마을이 되어 힘을 모아 나가겠습니다.

검사님의 크신 아량으로 선처를 베풀어 주시기를 간곡히 부탁드립니다.

[결과: 기소유예]

학부모에게 추천할 만한 책 목록

학부모 상담 중에 도서 추천을 자주 하는 편입니다. 요즘은 양질의 자녀교육서가 워낙 많긴 하지만, 개인적으로 청소년 자녀 양육에 대한 책은 아직 부족하다고 느낍니다. 십대 자녀와의 대화, 정서 이해에 도움이 될 만한 책들을 선별해 봤습니다. 또한 가족 전체의 화목을 위해 부부간 소통과 중년의 이해에 도움이 되는 책들도 추가했습니다. 학부모 상담에 활용하시기 바랍니다.

<자녀와의 대화에 도움이 되는 책>

‣《심리학, 열일곱 살을 부탁해》: 이정현 지음/ 걷는나무
‣《내 아이를 위한 감정코칭》: 존 가트맨 지음/ 최성애, 조벽 옮김/ 한국경제신문
‣《아이의 사생활》: EBS <아이의 사생활> 제작팀 지음/ 지식채널
‣《부모와 아이 사이》,《부모와 십대 사이》: 하임 G. 기너트 지음/ 신홍민 옮김/ 양철북

▸《스스로 도전하는 아이의 인생에는 막힘이 없다》: EBS 기획 다큐멘터리_동기 지음/ 거름

▸《칭찬은 고래도 춤추게 한다》: 켄 블랜차드 지음/ 조천제 옮김/ 21세기북스

▸《남자아이 여자아이》: 레너드 삭스 지음/ 이소영 옮김/ 아침이슬

<자녀의 정서적 문제 이해에 도움이 되는 책>

▸《ADHD의 이해》: 크리스토퍼 그린 등 지음/ 김선경 옮김/ 민지사

▸《리틀몬스터 : 교수가 된 ADHD 소년》: 로버트 저건 지음/ 조아라, 이순 옮김/ 학지사

▸《청소년기의 뇌 이야기》: 셜리 페인스타인 지음/ 황매향 옮김/ 지식의날개

▸《10대 놀라운 뇌 불안한 뇌 아픈 뇌》: 김붕년 지음/ 코리아닷컴

▸《10대의 뇌》: 프랜시스 젠슨 등 지음/ 김성훈 옮김/ 웅진지식하우스

<부부간 소통과 중년의 이해에 도움이 되는 책>

▸《다시 태어나는 중년》: 이상춘 지음/ 한문화출판사

▸《왜 사랑하기를 두려워하는가》: 한스 옐루셰크 지음/ 김시형 옮김/ 교양인

- 《엄마의 마흔 번째 생일》: 최나미 지음/ 청년사
- 《용서가 있는 삶》: 딕 티비츠 지음/ 한미영 옮김/ 알마
- 《화성에서 온 남자 금성에서 온 여자》: 존 그레이 지음/ 김경숙 옮김/ 동녘라이프
- 《욱하는 성질 죽이기》: 로널드 포터-에프론 지음/ 전승로 옮김/ 다연
- 《이혼, 부, 모, 아이들》: 리처드 A. 워샥 지음/ 황임란 옮김/ 아침이슬

훌륭한 부모는 무엇이 다른가

《훌륭한 교사는 무엇이 다른가》에서 지은이 토드 휘태커 교수는 훌륭한 교사의 특징을 17가지로 설명합니다. 수백 개의 학교에서 연구와 컨설팅을 진행하며 만난 교사들을 통해 발견했다고 합니다.

그런데 책을 읽을 때마다 이 특징들은 단지 교사들에게만 해당하는 것은 아니라는 생각이 들었습니다. 훌륭한 경영인, 훌륭한 정치인 등 모든 유형의 지도자에게 적용해도 잘 들어맞더군요. 그래서 저는 학부모 교육에도 활용하기 시작했습니다. 훌륭한 부모의 17가지 특징을 그렇지 않은 부모와 비교해 정리해 봤습니다.

훌륭한 부모	그렇지 않은 부모
문제의 해법을 사람에게서 찾는다	문제의 해법을 프로그램에서 찾는다
희망에 초점을 맞춘다	규칙에 초점을 맞춘다
문제 발생 시 예방에 집중한다	문제 발생 시 처벌에 집중한다

훌륭한 부모	그렇지 않은 부모
충분히 생각하고 의미를 담아 말한다	아무 말이나 쉽게 내뱉는다
집안 분위기의 최대 변수는 자신이라고 생각한다	외부 요인으로 집안 분위기가 나빠졌다고 생각한다
자녀에게 높은 기대치를, 자신에겐 더 높은 기대치를 갖는다	자녀에겐 높은 기대치를 갖지만, 자신에게는 별 기대를 하지 않는다
자녀가 어떤 영향을 받을지 늘 생각한다	나에게 어떤 영향이 올지 생각한다
모든 가족 구성원을 존경으로 대한다	특정 구성원만을 존경으로 대한다
긍정적인 태도를 공유하려 애쓴다	불평과 불만을 생각 없이 퍼뜨린다
자녀와의 관계 개선에 힘쓰며 먼저 사과할 줄 안다	자녀에게 날카로운 지적, 꼼짝 못할 반박을 일삼는다
자녀가 일으키는 사소한 소란은 무시할 줄 안다	자녀가 일으키는 사소한 소란에 말려들어 전쟁을 선포한다
매사에 계획과 목적을 갖고 행동한다	주사위 구르는 대로 하루하루를 보낸다
자녀의 우수한 점을 인지하고 이를 항상 염두에 둔다	자녀의 부족한 점만 자꾸 지적한다
자녀의 노력이 헛되지 않게 지지한다	자녀의 노력과 관계없이 독단적 결정을 내린다
자녀의 눈으로 자신을 돌아보려 애쓴다	자신이 자녀에게 어떻게 비치는지 잘 모른다
자녀의 성적을 '학습'이라는 총체적 관점에서 바라본다	성적 자체에만 집착한다
변화를 이끌어 내는 감정의 힘을 안다	말만으로 동기를 유발하려 한다

청소년 스마트폰 과의존 검사지

과학기술정보통신부와 한국지능정보사회진흥원이 주관한 〈2020 스마트폰 과의존 실태 조사〉에 따르면, 우리나라 청소년 중 35.8%는 위험군에 속하는 것으로 조사되었습니다. 한국지능정보사회진흥원이 제공하는 청소년 스마트폰 과의존 자가진단 검사지를 아래에 붙입니다. 학부모, 학생 상담 등에 활용하시기 바랍니다.

문 항	전혀 그렇지 않다 (절대 아니다)	약간 그렇다 (때로 그렇다)	상당히 그렇다 (자주 그렇다)	아주 그렇다 (매우 흔하다)
스마트폰 이용 시간을 줄이려 할 때마다 실패한다	1	2	3	4
스마트폰 이용 시간을 조절하는 것이 어렵다	1	2	3	4
적절한 스마트폰 이용 시간을 지키는 것이 어렵다	1	2	3	4

문 항	전혀 그렇지 않다 (절대 아니다)	약간 그렇다 (때로 그렇다)	상당히 그렇다 (자주 그렇다)	아주 그렇다 (매우 흔하다)
스마트폰이 옆에 있으면 다른 일에 집중하기 어렵다	1	2	3	4
스마트폰 생각이 머리에서 떠나지 않는다	1	2	3	4
스마트폰을 이용하고 싶은 충동을 강하게 느낀다	1	2	3	4
스마트폰 이용 때문에 건강에 문제가 생긴 적이 있다	1	2	3	4
스마트폰 이용 때문에 가족과 심하게 다툰 적이 있다	1	2	3	4
스마트폰 이용 때문에 가족 혹은 동료, 사회적 관계에서 심한 갈등을 경험한 적이 있다	1	2	3	4
스마트폰 때문에 업무(학업 혹은 직업) 수행에 어려움이 있다	1	2	3	4

[결과 및 해석]

‣ 과의존 위험군: 23섬 이상

‣ 과의존 고위험군: 31점 이상

청소년 ADHD 검사지(CASS)

ADHD를 평가하는 자기보고형 척도로 가장 널리 활용되고 있는 Conners-Wells 척도 중 청소년용 단축형 검사지(CASS)를 아래에 붙입니다. 학부모, 학생 상담 등에 활용하시기 바랍니다.

문 항	전혀 그렇지 않다 (절대 아니다)	약간 그렇다 (때로 그렇다)	상당히 그렇다 (자주 그렇다)	아주 그렇다 (매우 흔하다)
내 부모님은 내 나쁜 행동만 지적하신다	0	1	2	3
나는 가능하면 내게 편리한 대로 규칙을 바꾼다	0	1	2	3
나는 내가 원하는 만큼 빨리 배우지(깨우치지) 못한다	0	1	2	3
나는 까다롭고, 쉽게 짜증을 낸다	0	1	2	3
나는 오래 가만히 앉아 있기가 힘들다(앉아 있을 수가 없다)	0	1	2	3
나는 때로 울고 싶다	0	1	2	3

문 항	전혀 그렇지 않다 (절대 아니다)	약간 그렇다 (때로 그렇다)	상당히 그렇다 (자주 그렇다)	아주 그렇다 (매우 흔하다)
나는 말썽을 부려 경찰에 잡힌 적이 있다	0	1	2	3
나는 학교 공부를 정리하기가 어렵다	0	1	2	3
우리 부모님은 내게 기대가 너무 크다	0	1	2	3
나는 힘이 넘쳐서 오래 앉아 있지 못한다	0	1	2	3
나는 공부할 때 소음이 들리면 집중이 깨진다	0	1	2	3
나는 규칙을 어긴다	0	1	2	3
나는 배운 것을 잊어버린다	0	1	2	3
나는 몸을 비틀고 꼼지락거리는 편이다	0	1	2	3
나는 여러 면에서 옳은 판단을 내리지 못한다	0	1	2	3
나는 몇몇 사람을 괴롭히는 것을 즐긴다	0	1	2	3
어떤 일을 몇 분간 계속하는 게 어렵다	0	1	2	3
가만히 앉아 있어도 속으로는 안절부절못한다	0	1	2	3
내 글씨는 형편없다	0	1	2	3
나는 정말로 나쁜 짓을 하고 싶은 충동을 느낀다	0	1	2	3
나는 한 번에 한 가지 일에 집중하기가 어렵다	0	1	2	3

문 항	전혀 그렇지 않다 (절대 아니다)	약간 그렇다 (때로 그렇다)	상당히 그렇다 (자주 그렇다)	아주 그렇다 (매우 흔하다)
나는 숙제할 때 일어서서 왔다 갔다 해야 한다	0	1	2	3
나는 공부가 뒤처져 있다	0	1	2	3
나는 다른 사람 물건을 부순다	0	1	2	3
나는 책을 읽을 때 읽던 곳을 잊어버린다	0	1	2	3
나는 식사하는 동안 가만히 앉아 있기가 힘들다	0	1	2	3
내 부모님은 내가 착한 행동을 해도 알지도 못하시거나 상도 주지 않으신다	0	1	2	3

[한국판 CASS 절단점]

‣ 중학교 1학년 41점/ 2학년 41점/ 3학년 44점

‣ 고등학교 1~3학년 42점

에필로그:
학부모, 우리의 동지

이 책의 많은 부분은 제가 '돌봄치유교실'이라는 인터넷 카페에 올렸던 이야기로 구성되어 있습니다. 소소한 자료를 선생님들과 나누고자 개설한 카페인데 벌써 10년 넘게 운영되고 있습니다. 세월에 걸맞게 무려 1만 2,000개가 넘는 게시글이 등록되었고, 3만여 명의 회원이 활동하고 계십니다. 이 카페가 아니었더라면 이 책의 집필은 감히 엄두도 내지 못 했을 겁니다. 10년간 꾸준히 글을 올릴 수 있도록 응원해 주신 카페 운영진과 회원 여러분께 감사의 말씀을 올립니다.

처음 출판사로부터 출간 제의를 받았을 때는 그간 카페에 올린 학부모 상담 관련 글을 한데 모으기만 하면 될 줄 알았습니다. 그런데 막상 카페의 글들을 모아 놓고 보니 막막했습니다. 분량은 엄청난데 그저 시산이 날 때마다 두서없이 써서 올린 글이 대부분이라 원고의 품질에 자신이 없었을 뿐 아니라, 어떻게 구성해야 일목요연하게 주제를 전달할 수 있을지 도통

감이 잡히지 않았기 때문입니다.

가장 가까이에 있는 분에게 도움을 청했습니다. 바로 초등
교사이자 제 배우자(my better half)인 정명옥 선생입니다. 독서
광이자 글쓰기 능력도 출중한 정 선생은 제가 글을 쓸 때마다
냉철한 비판을 아끼지 않는데 이번에도 큰 도움을 주었습니다.
겹치는 내용을 걷어내고 목차도 더욱 체계적으로 정리해 주었
습니다. 학교를 떠난 저와 달리 아직 현직에 있는 교사로서, 급
변하는 교직사회에 제 이야기가 더 잘 닿을 수 있도록 현실적
인 조언도 아끼지 않았습니다.

정 선생의 도움을 받아 한결 단정해진 원고를 출판사에 제
출했습니다. 그런데 두어 달 후, 출판사에서 보내 온 교정쇄를
받아 보고 입을 다물 수가 없었습니다. 글 한 편 한 편이 완결
성을 갖추었고 전체 목차도 더욱 짜임새 있게 바뀌어 있었습니
다. 독자의 입장에서 그리고 편집자 자신이 십대 자녀를 키우
고 있는 학부모이기에 제가 미처 생각하지 못한 부분까지 꼼꼼
하게 보완해 주신 점도 인상적이었습니다. 거듭되는 감사의 인
사에도 편집자로서 할 일을 했을 뿐이라며 겸손해하는 모습에
든든한 동료애가 느껴졌습니다.

교정 마무리로 바쁜 시간을 보내던 중 제 소중한 친구가 정
호승 작가의 시 한 편을 보내 주었습니다. 〈새들은 바람이 가
장 강하게 부는 날 집을 짓는다〉라는 제목의 시입니다. 새들은

왜 굳이 바람이 강한 날 집을 지을까요? 태풍이 불어와도 견딜 수 있는 튼튼한 집을 짓기 위해서라고 합니다. 알이 떨어지지 않게 새끼가 다치지 않게 보호하기 위해서라고 합니다. 학부모와의 관계도 궂은 날씨에 집 짓기와 다르지 않다는 생각이 들었습니다. 평소에 잘 대비해 놓으면 위기상황은 확실히 줄어듭니다. 집이 통째로 날아가고 소중한 새끼들이 다치기 전에 힘들더라도 미리 대비해야 합니다.

영어 격언에 "준비하지 않는 것은 실패를 준비하는 것이다 (Not to prepare is to prepare failure)"라는 말이 있지요. 저는 이에 빗대어 "학부모와 소통하지 않는 것은 재앙을 준비하는 것이다"라고 종종 말해 왔습니다. 많은 선생님들이 이 표현에 공감해 주셨고요. 그런데 이 책을 쓰면서 표현을 조금 바꿔야겠다는 생각이 들었습니다. '학부모 민원'이라는 재앙을 피하고자 평소 열심히 소통했더니 '평생의 친구'라는 뜻밖의 결실을 얻었기 때문입니다. 저는 학부모와의 소통으로 평생의 친구를 얻었습니다. 그저 재앙을 피하는 것보다 훨씬 값진 결실입니다. 앞서 정호승 작가의 시를 보내 준 친구이자, 수업시간에 볼펜을 들고 잔다는 이유로 제 칭찬을 받고 우등생으로 변모한 아이의 아버지가 그 주인공입니다. 담임과 학부모 관계로 만나 아이를 위해 짬짜미를 도모하다 평생의 친구 사이가 된 우리는 지금도 하루가 멀다고 연락을 주고받습니다. 길고 힘든 교직 생활 중에도, 퇴직 후에도, 그리고 이 책을 쓰는 순간에도 힘이 되어 준 소중한 친구에게 감사의 인사를 전합니다.

학부모와의 소통은 재앙 예방에 효과적일 뿐 아니라 평생의 동지를 얻는 길이 될 수 있습니다. 학부모와 친구가 될 수 있다니, 송쌤에게나 가능한 일 아니냐고요? 아이들의 돌봄, 치유, 성장에 우리 교사들만큼이나 진심인 사람이 학부모 말고 또 누가 있을까요? 뜻을 함께한다면 이미 동지입니다. 조금 어색하고 두려워도 우리 아이들을 위해 학부모와 한배에 오르시길 바랍니다. 제가 든든한 뒷배가 되어 드리겠습니다.

함께 읽으면 좋은 자료

가야마 리카, 2005, 《젊음의 코드를 읽는다》, 황금가지.

김인석, 2004, 《21세기 멀티미디어 영어교육론》, 한국문화사.

김현수, 2015, 《공부 상처》, 에듀니티.

낸시 벤벵가, 2003, 《학대받는 아이에서 학대하는 어른으로》, 생활성서.

닉 데이비스, 2007, 《위기의 학교》, 우리교육.

다중지능연구소, 2006, 《강점지능 살리면 뜯어말려도 공부한다》, 아울북.

레너드 삭스, 2007, 《남자아이 여자아이》, 아침이슬.

로버트 치알디니, 2007, 《설득의 심리학》, 21세기북스.

송형호, 구기남, 2002, 《손쉽게 시작하는 ICT 활용교육》, 즐거운 학교.

셜리 페인스타인, 2008, 《정소년기의 뇌 이야기》, 지식의날개.

알피 콘, 2005, 《훈육의 새로운 이해》, 시그마프레스.

윤성관, 2007, 〈참여소통(Participation and Communication)

학습을 통한 수행평가 방안 연구〉, 동국대학교 석사학위 논문.

제임스 레빈, 2008,《학급경영의 원리》, 시그마프레스.

조두형, 2007, 〈참여와 소통을 위한 사이버커뮤니티 활용 한 국근현대사 수행평가 사례연구〉, 서울시립대학교 석사학위 논문.

조영란, 2004, 〈영어교과 사이버 커뮤니티 활용을 통한 중학생 의 자기 주도적 영어 읽기 학습 효과〉, 한국교원대학교 교육 대학원 석사학위논문.

카우치 슈워, 1996,《교사의 마음을 제대로 전하는 대화의 기 술》, 양철북.

켄 블리차드, 2001,《하이파이브》, 21세기북스.

크리스토퍼 그린, 1999,《ADHD의 이해》, 민지사.

토드 휘태커, 2015,《훌륭한 교사는 무엇이 다른가》(증보판), 지식의날개.

토르실 베르게, 2007,《행복을 훔치는 도둑 우울증》, 문예출 판사.

토머스 고든, 2003,《교사역할훈련(T.E.T)》, 양철북.

티모시 쿰즈, 2001,《위기관리 커뮤니케이션》, 커뮤니케이션 북스.

파커 J. 파머, 2000,《가르칠 수 있는 용기》, 한문화.

하워드 가드너, 2007, 《다중지능》, 지식하우스.

하임 기너트, 2003, 《교사와 학생 사이》, 양철북.

하임 기너트, 2003, 《부모와 십대 사이》, 양철북.

하임 기너트, 2003, 《부모와 아이 사이》, 양철북.

Albert, L., 1996, *Cooperative Discipline*, Ags Pub.

Archbald, D.A., Newman, F.M., 1988, *Beyond Standardized Testing: Assessing Authentic Achievement in the Secondary Schools*, National Association of Secondary School Principals.

Dreikurs, R. et al., 1998, *Maintaining Sanity in the Classroom*, Taylor & Francis.

Germinario, V. et al., 1996, *All Children Successful*, R&L Education.

Gibbons, M., 2002, *The Self-directed Learning Handbook: Challenging Adolescent Students to Excel*, Jossey-Bass.

Kosmoski G.J., Pollack D.R., 2005, *Managing Difficult, Frustrating, and Hostile Conversations*, Corwin.

Levin, J., Shanken-Kaye, J., 1996, *The Self Control Classroom*, Kendall/Hunt Publishing Co.

McEwan-Adkins, E.K.. *How to Deal with Parents Who Are*

Angry, Troubled, Afraid, or Just Seem Crazy, Corwin.

Tudor, I., 1996, *Learner-centredness as Language Education*, Cambridge University Press.

Whitaker, T., Fiore, D., 2001, *Dealing with Difficult Parents and with Parents in Difficult Situations*, Eye on Education Inc.

Whitaker, T., 2020, *What Great Principals Do Differently*(3rd edition), Eye on Education Inc.